Langenscheidt

Eltern – Deutsch
Deutsch – Eltern

**Erziehung ist, wenn man
trotzdem lacht**

von David Leukert

Langenscheidt

Berlin · München · Wien · Zürich
London · Madrid · New York · Warschau

**Langenscheidt Eltern – Deutsch / Deutsch – Eltern
von David Leukert**

Mütterliche Fachberatung: Beate Hartmann
Layout: Agentur Kopfbrand, München
Cartoons: Bettina Kumpe
Fotos: Richard Föhr
Lektorat: Alexandra Bauer (textwerk, München)

Der Autor
David Leukert, geboren in Berlin-Steglitz, studierte Pädagogik
und Geschichte. Er ist seit Jahren als Kabarettist, Autor und
Erzieher tätig, dabei viel auf Tournee – zum Beispiel mit dem
Soloprogramm »Männer und Kinder zuerst!«. Im Fernsehen unter
anderem bei »Ottis Schlachthof« oder in der »Harald Schmidt
Show« zu sehen. Wenn der engagierte Vater nicht gerade mit seinem Sohn Billard spielt und verliert, dann versucht er, ihm bei
den Hausaufgaben zu helfen, wobei er ebenfalls oft verliert, zumindest die Geduld. Zurzeit steckt er in intensiven Taschengeld-
tarifverhandlungen. Ein Abschluss liegt noch in weiter Ferne, vor
allem weil die Gegenseite von der Verhandlungsposition »unein-
geschränkter Zugang zum Süßigkeitenfach« nicht abrücken will.
Leukert lebt in Berlin und Toronto. www.david-leukert.de

Umwelthinweis: gedruckt auf chlorfrei gebleichtem Papier
© 2010 by Langenscheidt KG, Berlin und München
Satz: Franzis print & media GmbH, München
Druck: Kösel, Krugzell
Printed in Germany
ISBN 978-3-468-73811-1
www.langenscheidt.de

10010

Lieber Leser,

herzlich willkommen in diesem Buch! Es ist ein Enthüllungsbuch! Gab es 1964 noch 1,4 Millionen Geburten in Deutschland, so zählte man 2009 gerade mal 651.000! In Österreich und der Schweiz verläuft die Entwicklung ähnlich. Ich habe mich gefragt: Wer sind diese geheimnisvollen Menschen, die sich dem Trend widersetzen und **Personen herstellen** – wobei sie meistens im Dunkeln operieren? Wer sind diese ELTERN?

Das Wort **Eltern** stammt aus dem Mittelhochdeutschen und bedeutet so viel wie »die Alten«. Teenieschwangerschaften waren damals offenbar noch kein Thema. Aber selbst im modernen Deutsch werden Eltern in erster Linie als Senioren angesprochen: »Ey, Alter ey!« Das ist allerdings steigerungsfähig mit **Dad** und **dead** – Engländer machen, zumindest dem Klang nach, zwischen **Vater** und **tot** keinen Unterschied. Desillusionierte Mütter mit passivem männlichem Elternteil auf dem Sofa sagen: »Es gibt auch keinen Unterschied.«

Spanier kennen wiederum überhaupt keine Eltern, nur Väter. Vater und Mutter – beide sind **padres**. Auch darin liegt ein Körnchen Wahrheit, denn meistens hat Mutter ja die Hosen an. Die Russen sehen es genauso, nur ganz anders: Eltern sind bei ihnen **roditeli**, das heißt **Gebärende**.

Die Sprachen dieser Welt bieten also eine Menge Informationen zu diesem Thema – aufschlussreich, aber auch verwirrend, wie ich finde. Doch nicht mal das Buch der Bücher möchte sich festlegen! Moses lehrt: »Du sollst Vater und Mutter ehren!« Jesus dagegen empfiehlt einen wenig respektvollen Umgang und stellt Kindern sogar eine Belohnung in Aussicht, wenn sie von zu Hause abhauen: »Wer mir nachfolgt und Vater und Mutter verlässt, dem wird es hundertfach vergolten werden.« Was sagt eigentlich das Jugendamt dazu?

Um Eltern besser zu verstehen, habe ich umfangreiche Untersuchungen angestellt – und bin zu Recherchezwecken selber Vater geworden. Außerdem habe ich mich undercover an Orte begeben, an denen Eltern ihr Wesen treiben. Ich war in OPs, Kitas, PEKiPs und öffentlichen Grünanlagen, wo es wirklich für jedes Familienmitglied eine Pusteblume gibt, sodass kein Streit entsteht. Nachdem ich mich abgeschminkt, das Kissen von meinem Bauch entfernt und die Milchpumpe weggelegt hatte, wurde mir klar: Das Eltern-Wesen ist unergründlich! Trotzdem gelang es mir, einiges über diese wichtige Gruppierung in Erfahrung zu bringen, so zum Beispiel:

⭐ Auf welcher ideologischen Basis Eltern operieren.

⭐ Wie sie ihren Nachwuchs beschatten – ein Leben lang!

⭐ Mit welchen Methoden sie arbeiten, um eine Mütze Schlaf zu bekommen.

⭐ Ihre Geheimsprache: der Duzi-Duzi-Code.

⭐ Wie sie Windeln wechseln und dabei alle Spuren verwischen.

Ein Hinweis noch für Eltern, die in diesem Buch vielleicht etwas über sich selbst erfahren möchten: Falls Sie Humor darin entdecken, dann nehmen Sie den Spaß nicht so ernst! Karnevalisten mahnen nicht umsonst: »Erst die Gaudi und dann das Vergnügen!« Im Übrigen finde ich, dass auch Eltern mal ein paar Ansagen verdient haben. Doch »bei aller Liebe«, möglichen Meinungsverschiedenheiten bezüglich der richtigen Erziehungsmethode oder der Wahl der Krabbelgruppe, will ich nicht verhehlen, dass ich einer von Ihnen bin (zumindest zu 50 Prozent)! Und auf jeden Fall gilt, was Eltern gerne mit einer »Wir-Botschaft« sagen: Wir meinen es doch nur gut!

Ihr

David Leukert

PS: Mehr Informationen, zum Beispiel zu Kabarett-Elternabenden, unter www.david-leukert.de.

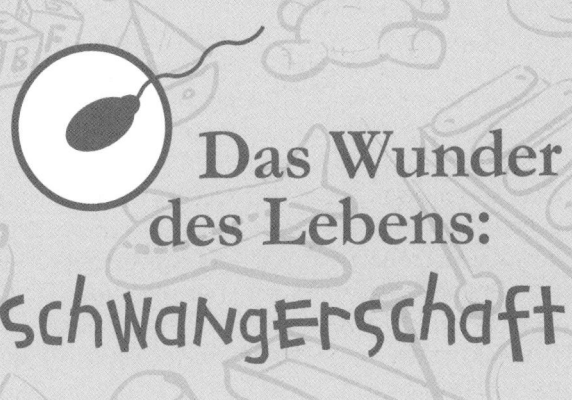

Das Wunder des Lebens:

Schwangerschaft

VATER WERDEN IST DOCH SCHWER

Fragen

Auf die Diagnose »schwanger« reagiert jeder Mann anders. Manche reagieren mit Panik, andere mit Verzweiflung. Viele Fragen stürzen auf ihn ein: Kann ich Vater sein und trotzdem cool bleiben? Werde ich Mutter und Kind ernähren können? Bin ich wirklich der leibliche Vater? Ist es Schicksal: Hat Gott mir die Vaterrolle zugedacht? Gibt es Kinderwagen mit Chromfelgen?
Doch, schwangere Männer GRÜBELN – für manche eine völlig neue Erfahrung: Wow! Das ist also diese Sache, von der sie immer alle reden: Nachdenken! Einige werden sogar zu Philosophen und begeben sich auf die Suche nach dem Sinn des Lebens. Aber was genau suchen sie? Sie suchen das Weite. »Wer suchet, der findet« heißt es bei Lukas (11, 9) im Neuen Testament. In der Regel finden diese Pilgerväter ein Schreiben vom Jugendamt im Briefkasten mit der Aufforderung, Unterhalt zu zahlen. Spätestens da wird auch dem letzten armen Vater klar: ALIMENTE – das hat nichts mit den italienischen Delikatessen zu tun, die er sich öfter mal gönnt. Er muss seinen ganzen Lebensstil einem gründlichen Wandel unterziehen.

Flucht

Doch warum Fluchtgedanken? Möglicherweise ist es eine Kopfsache. Der Hippocampus, das Gehirnareal, das zuständig ist für Emotionen und Erinnerung, fällt beim Mann um elf Prozent kleiner aus als bei der Frau ... Es verleiht ihm die unter Umständen großartige Fähigkeit, Unangenehmes verdrängen und vergessen zu können. Kann aber auch zur Folge haben, dass er sich nicht als Teil eines Prozesses fühlt, an dem er doch zweifelsohne beteiligt war. Es kommt unter anderen Umständen zur Vaterrolle rückwärts. Ausreden liefert ihm ausgerechnet die Muttersprache: »Ich war's nicht! Es heißt schließlich nicht TÄTER, sondern nur ZEUGEN!«

Freiheit? Freizeit? Fläschchen?!

Ist aber auch brutal! Selbst dem Traumvater mit dem Wunschkind schwant: Kegelabende sind jetzt nicht mehr drin – mit Kind und Kegel am Bein. Extremsport und Ballermann-Besäufnisse kann er ebenfalls vergessen. Die Parole lautet: FLÄSCHCHEN statt Flasche! Menschenskinder – jetzt ist die ganze Freiheit im Arsch! Genau, »Schmutzworte« sollte er sich von nun an ebenfalls verkneifen. Kind hört mit! Und wer will schon, dass das erste Wort aus der Jugendsprache stammt? »Heute hat es sein erstes Wort gesagt: ›Moppelkotze‹!« Das will man nicht.

Echte Männer, wahre Väter hören aber irgendwann auf zu zweifeln und auf die mahnende Stimme des Gewissens, die da sagt: »Er hat etwas angestellt, dafür sollte er GERADESTEHEN. Hat schließlich in der Zeugungsnacht auch geklappt.« Echte Männer, wahre Väter entdecken durchaus den Reiz der Verantwortung und Herausforderung! Erfahrene Eltern wissen, dass Kindererziehung eine Form von Extremsport darstellt. Nächtelang durchmachen – das kann auch der Vater aufgrund der gnadenlosen Still- und Schreizeiten des Babys. Der Schädel brummt am nächsten Morgen wie nach einer Sauftour mit den Kumpels. Garantiert, Daddy Cool! Und: Ja, werdende Väter – es gibt Kinderwagen mit Chromfelgen.

DER VATER-CHECK

ÜBERVATER ODER ARMER VATER?

1) Der Hintern deines Babys ist wund und schorfig. Was machst du?

a) Ich schreie lauter als das Kind nach der Mutter, ist schließlich ihr Job. **2 Punkte**

b) Ich tröste das Kind, säubere den Po und creme ihn mit Bübchencreme ein. **3 Punkte**

c) Ich nähere mich dem Problem-Po mit männlicher Tatkraft und gehe mit der Flex drüber. **1 Punkt**

2) Dein Kind will nicht einschlafen. Stattdessen schreit es. Wie gehst du vor?

a) Ich hole die Supernanny (vulgo: Oma), soll die sich doch drum kümmern, hat eh nichts zu tun. **2 Punkte**

b) Um gute Stimmung zu machen, lege ich Musik auf. Dann höre ich das Gebrüll nicht mehr. **1 Punkt**

c) Ich lerne die erste Strophe von »Schlaf, Kindlein, schlaf!« auswendig, singe tapfer »Träumelein« und »Bäumelein«, auch wenn es schwul klingt, und gehe mit dem Baby im Arm durch das Zimmer, bis es eingeschlafen ist. **3 Punkte**

3) Das Baby hat Hunger. Was gibst du ihm zu essen und wie fütterst du es?

a) Ich gebe ihm was aus dem Hipp-Gläschen »Frucht & Joghurt«. Aber nicht zu viel. Ich will selber noch was davon. **2 Punkte**

11

b) Proteine sind wichtig und ich will das Kind nicht verweichlichen: Die Currywurst kommt erst in den Mixer und wird dann ins Fläschchen abgefüllt. **1 Punkt**

c) Ich füttere ausgewogen, abgestimmt auf die Bedürfnisse des Babys: In der Beikostphase (zwischen dem fünften und siebten Monat) selbst geriebenes Apfelmus (vorausgesetzt, die Äpfel sind nicht zu sauer, es bietet sich ein Braeburn oder Gloster an, eventuell mit Banane abschmecken) sowie einen milden Karotte-Zucchini-Kürbis-Brei. **3 Punkte**

 ⭐ **auswertung** ⭐

3–5 Punkte: Erziehung bedeutet Selbsterziehung! Deshalb solltest du vielleicht erst mal zu dir selbst finden – am besten in einer Haftanstalt.

6–8 Punkte: Du bist von den »neuen Vätern« noch ein Stück weit entfernt. Dranbleiben! Tipp: »Kicker« abbestellen, »Eltern« abonnieren.

9 Punkte: Herzlichen Glückwunsch! Du bist als Vater nicht geeignet. Du solltest Mutter werden.

Frau mutiert zur Mutti

Viele Fragen

Wenn sich dem werdenden Vater bange Fragen stellen, dann der werdenden Mutter erst recht: Werde ich genug Milch produzieren? Bin ich nach der Geburt wieder so schlank wie vorher? Werde ich noch in das kleine Schwarze passen? Ist der Vater wirklich der Vater? Wen oder was bringe ich zur Welt? Ein rosa Schweinchen oder tatsächlich ein Baby? Und wenn ja, was für eins? Ein kleines Schwarzes?

Perfektion

Vorsichtshalber bereitet sie sich optimal vor! Sie will ALLES RICHTIG MACHEN! MINDESTENS ALLES! Die Geburt ihres Kindes wird besser geplant als eine Marsmission. Die verantwortungsbewusste schwangere Frau entwickelt eine enorme Aktivität! Sie besucht Geburtsvorbereitungskurse, und im Supermarkt kauft sie schon mal Babybrei, Windeln und Penaten-Creme. Dabei legt so manche Schwangere ein erstaunliches Multitasking an den Tag: Sie hechelt für alle hörbar in der Schlange an der Supermarktkasse, packt die gekauften Lebensmittel nicht in eine Tüte, sondern WICKELT sie ein, und füttert zu Übungszwecken gleichzeitig ihren Mann mit Babybrei.

LEBENSZEICHEN

Jeder Tag macht ihr deutlicher, dass sich ihr Leben mit der Schwangerschaft stark verändert und bald nichts mehr so ist wie zuvor! Sie liest drei Ratgeber zum Thema Baby, Schwangerschaft und Geburt, in denen steht, dass sich ihr Leben mit der Schwangerschaft stark verändert und bald nichts mehr so ist wie zuvor. Hat sie die Bücher fertig gelesen, stellt sie sie ins Regal zu den 769 anderen Schwangerschaftsratgebern, die sie bereits besitzt.

Biologen konnten feststellen, dass einige Mütter bereits vor der Geburt ihres Kindes Lebenszeichen aussenden! Es sind Mütter angetroffen worden, die vom Moment der Zeugung an nicht nur über Wassergeburt und Geburtsterminrechner geredet, sondern auch Themen wie Klimawandel oder Volksgesetzgebung angeschnitten haben! Doch egal, wie Mutter im Einzelnen tickt, bohrende Fragen überfallen alle Schwangeren immer wieder: Schadet es dem Baby im Bauch, wenn ich arbeite? Wie kann ich nach der Geburt Baby, Beruf und Latte-macchiato-Trinken unter einen Hut bekommen? Wie lackiere ich mir im achten Monat die Zehennägel, ohne gegen Artikel 1 des Grundgesetzes »Die Würde des Menschen ist unantastbar« zu verstoßen? Wird mein Kind auch normal sein? Oder wird es so wie mein Mann?

Kulinarische Kostbarkeiten

Wenn Schwangere seltsame Dinge zu sich nehmen, dann essen sie unter Umständen genau das, was der Körper in dieser Situation braucht – auch wenn es vielleicht gesündere Rezepte gibt:

* * *

Makrele, Sardellen oder Stremellachs mit Nutella
Fisch enthält Omega-3-Fettsäuren. Die fördern die Intelligenz. Nicht nur für die Eltern wichtig – das kann auch das Baby gebrauchen. Und die Schokolade lässt den Serotoninspiegel steigen, was wiederum das Wohlbefinden fördert.

* * *

Alkoholfreies(!) Hefeweizen mit Buttermilch und Honig
Bierhefe enthält das sogenannte Müttervitamin Folsäure – wichtig für die Zellteilung und das Wachstum. Die Buttermilch liefert Eiweiß und Kalzium für den Muskel- und Knochenaufbau.

* * *

Äpfel und Birnen mit Vollkornnudeln und Gummibärchen
Nährstoffe, Vitamine, Kohlenhydrate und Gelatine beispielsweise für den Knochenaufbau.

* * *

Der Partner

Der Vater des Kindes muss in dieser Zeit vor allem lernen, sich unterzuordnen. Nicht selten wird er das Opfer umfassender Umbauarbeiten in der KINDGERECHT zu gestaltenden Wohnung. Manchmal bleibt ihm nur noch »sein Zimmer« – so zumindest nennt sie die Besenkammer. Natürlich hat er ab und zu Freigang, wenn es zum Beispiel darum geht, eine Wickelkommode zu besorgen.

Doch wehe, er macht etwas falsch!
Oft unterzieht die werdende Mutter den Mann ihrer Wahl einer erneuten Prüfung unter den Gesichtspunkten Ernähren, Beschützen, Windeln entsorgen sowie Nestbau. Alles, was sie an ihm mochte, als sie sich in ihn verliebt hat, ist plötzlich zweitrangig. Was helfen braune Augen, wenn es darum geht, eine Wärmelampe über der Wickelkommode zu installieren? Wozu sind schöne Hände gut, wenn die sich als zwei linke Hände entpuppen?
Und wenn die Wärmelampe nach der Montage wackelt, ertappt sie sich bei dem Gedanken, dass ihr Ex-Lover das vielleicht besser hinbekommen hätte: Der hätte gewusst, dass Viererdübel zu klein sind für diesen Apparat und Kaugummi sich zum Verputzen nicht eignet!

UNGEWISSHEIT

Eine große Rolle spielt in der Frühphase der Babyproduktion der Gedankenaustausch mit Freundinnen, die ebenfalls ein Kind erwarten oder bereits eins verzogen haben. Da werden Strampelanzüge verliehen, Erstausstattungslisten und Erfahrungen ausgetauscht: »Du musst unbedingt rechtzeitig eine Tasche packen mit den Sachen, die du mit ins Krankenhaus nehmen willst. Wenn die Wehen einsetzen, ist es zu spät!« Heike meint: »Bei meinem Baby war es halt so ...«, während Sabine bemerkt, dass es bei ihr »aber eher so« lief.

Das DILEMMA: Jede Schwangerschaft verläuft anders. Und bedeutet – trotz bester Vorbereitung – immer eine Reise ins Ungewisse. Gesichert scheint nur zu sein, dass die Mutter Sorgen und Schmerzen erleiden muss. Denn mit der Geburt des Kindes werden Verwandte zu Besuch kommen. Und es ist völlig unklar, wann sie wieder fahren!

Und noch etwas kann als gesichert gelten, ganz gleich, wie die Sache im Einzelnen ausgeht. Im Gegensatz zu vielen unsinnigen Tätigkeiten, denen Menschen im Laufe ihres Lebens so nachgehen: Geburt – da kommt auf jeden Fall was bei raus.

DER
Mama-TEST

SUPER- ODER RABENMUTTER?

1) Der Bauch deiner Freundin ist schon wesentlich größer als deiner, trotzdem ist sie nicht so dick wie du. Wie reagierst du?

a) Ich fange wieder an zu rauchen, denn Rauchen macht bekanntlich schlank. **1 Punkt**

b) Ich gehe nicht mehr zur Schwangerschaftsgymnastik, sondern zum Schwangeren-Meditations-Wellness-Taekwondo, während ich mir gleichzeitig ein Ernährungsprogramm ausarbeiten lasse. **3 Punkte**

c) Ich denke, Schlankheit liegt im Auge des Betrachters, bringe besagter Freundin jede Woche Pralinen mit und zwinge den Vater des Kindes dazu, mir Komplimente zu machen. **2 Punkte**

2) Du hast 36 Stunden nicht geschlafen, weil dein Baby zahnt und Ohrenschmerzen hat. Auf dem Weg zum Bäcker bemerkt eine Passantin: »So, geht heute die Oma mit dir spazieren?« Wie gehst du damit um?

a) Ich gieße der Passantin den Babybrei aus dem Gläschen über den Kopf und schreie: »Wer sieht jetzt aus wie eine Oma?« **1 Punkt**

b) Ich zwinge den Vater des Kindes, mir Komplimente zu machen. **2 Punkte**

c) Ich hole die echte Oma und schlafe mich aus. **3 Punkte**

3) Wie hältst du es mit dem Impfen? Der Hausarzt rät zu einem Impfschutzpaket gegen nahezu alles – zum Beispiel gegen Defizite auf seinem Konto. Deine Freundin rät davon ab, da überstandene Kinderkrankheiten das Immunsystem des Kindes stärken sollen. Dein Kind hat zudem noch eine Nadelphobie. Was tust du?

a) Um die Nadelphobie zu behandeln, gehe ich mit dem Kind zur Akupunktur. Dann lasse ich ihm einen Rundum-Impfschutz gegen Kinderkrankheiten, Grippeviren und Lust auf Nutella geben. **2 Punkte**

b) Ich höre sowohl auf meine Freundin als auch auf meinen Arzt und drehe dann durch. **1 Punkt**

c) Ich suche mir ein stilles Eck zum Nachdenken, treffe in aller Ruhe eine Entscheidung und zwinge den Vater des Kindes, mir Komplimente zu machen. **3 Punkte**

★ auswertung ★

3–5 Punkte: Du bist sicher auf einem anderen Gebiet sehr begabt. Wie wäre es mit Frauenboxen?

6–8 Punkte: Du bist als Mutter okay. Weiter so. Am besten gleich heute Abend, wenn der Vater deines Kindes nach Hause kommt!

9 Punkte: Primama! Du bist Mutter Teresa, Mutter Beimer und Mutter Maria in einer Person. Im Lexikon sollte unter dem Stichwort MUTTER unbedingt ein Foto von dir abgebildet werden.

Die hormonische Beziehung

Mutter wird Mutter

Sie trägt neues Leben in sich – ein Wunder! Sie fühlt sich nicht so wohl – kein Wunder! Die Plazenta produziert (zusammen mit anderen Hormondrüsen) zugunsten des heranwachsenden Embryos Botenstoffe, auf die sich der Körper der Mutter erst mal einstellen muss, was unter anderem Verdauung und Geschmacksnerven beeinträchtigt. Die Folge: Ihr wird übel und das Essen schmeckt nicht. Das kann ein Schock für sie sein, denn solche Reaktionen kennt sie normalerweise nur von Weihnachten mit der Schwiegermutter. Gleichzeitig erfasst Schwangere oft ein nie zuvor gekannter Heißhunger auf seltsame Lebensmittel. Berüchtigt sind Heißhungerattacken auf MAKRELEN mit Nutella. Ein Gericht, das ich allerdings für ein Gerücht halte. Meiner Erfahrung nach bevorzugen sie Makrelen mit Himbeermarmelade.

Das Verhalten werdender Mütter mag auf Unbeteiligte seltsam wirken. Da sich selbst temperamentvolle Frauen während der Schwangerschaft nach außen meistens ruhig, ja verträumt geben, können Laien oft nicht erkennen, ob eine Frau schwanger ist oder einfach nur gnadenlos bekifft. Dazu muss man wissen, dass eine Mutter mit Kind ihrerseits ein Kind von MUTTER NATUR ist. Und Mutter Natur macht Mutter mithilfe von Drogen gefügig!

mother's little helpers

 **Progesteron**

Auch Schwangerschaftshormon genannt. Steigt bereits zwischen der zweiten und vierten Schwangerschaftswoche auf das Hundertfache des normalen Werts an. Wirkt beruhigend und in größeren Dosen wie Valium. Weil sie so benommen aussehen, werden Schwangere manchmal versehentlich vom Drogendezernat festgenommen und verhört.

Oxytocin

Das sogenannte Kuschelhormon, macht sich ebenfalls massiv in der Blutbahn breit. Schwangere sind deswegen überraschend anhänglich. Unbeteiligte dürfen sich nicht wundern, wenn sich in der U-Bahn mal eine Unbekannte mit Kugelbauch an sie ranschmeißt.

Cortisol

Ist ein Stresshormon mit entzündungshemmender Wirkung, welches die Nebennieren produzieren. Abgeschwächt durch Progesteron erhöht es die Aufmerksamkeit. Einer Schwangeren entgeht nichts. Sie kann zum Beispiel WINZIGSTE Flecken auf dem Hemd ihres Mannes entdecken, selbst wenn er gerade gar kein Hemd trägt!

Diese Darstellung ist natürlich stark vereinfacht. Das hormonelle System funktioniert außerordentlich kompliziert. Sicher nicht so kompliziert wie das Tarif- und Rabattsystem der Deutschen Bahn. Aber dafür funktioniert es wenigstens.

Vater wird auch Mutter!

65 Prozent aller **schwangeren** Männer leiden (!) am sogenannten Couvade-Syndrom (abgeleitet vom französischen Wort »couver«, das bedeutet »brüten«). Diese Männer entwickeln ähnliche Schwangerschaftssymptome wie die Mütter: Sie essen im Übermaß seltsames Zeug, sie motzen und kotzen! Einige Frauen werden denken: Wo ist da der Unterschied zu vorher? Weiß ich auch nicht, aber die Fakten sprechen eine eindeutige Sprache: Zum Beispiel kommt es während der männlichen Schwangerschaft zu einer schlechteren Fettverbrennung. Denn der Anteil des männlichen Hormons Testosteron nimmt ab, während der des weiblichen Hormons Oxytocin zunimmt – genau wie der Mann.

Zwei Wochen vor der Geburt steigt auch noch der Wert des Hormons Prolactin erheblich an, und zwar selbst bei Männern, die nicht vom Couvade-Syndrom betroffen sind! Prolactin ist der Stoff, der die Milchproduktion fördert ... Wir dürfen gespannt sein, was sich Mutter Natur und Tante Evolution noch alles so einfallen lassen! Vielleicht laufen bald Nachrichten wie diese über den Ticker: »Vorstandsvorsitzender Dr. Peter Löscher verließ das Podium bei der Hauptversammlung der Siemens AG gegen elf Uhr morgens für eine kurze Pause. Er musste Milch abpumpen.«

Familie Hellmann:
Ist dieser Kreißsaal auch wirklich der richtige für uns?

Peter und Ines wollen sich den Kreißsaal schon mal anschauen, in dem ihr erstes Kind zur Welt kommen soll. Für Ines ist klar: Sie will nichts dem Zufall überlassen. Alles muss optimal, sicher und stilvoll ablaufen. Denn es ist ihr Kind. Es ist ihr erstes Kind. Und das bedeutet: Das erste Kind überhaupt. Vorher ist noch nie ein anderes Kind zur Welt gekommen. NOCH NIE! Sie ist die erste Mutter, die ein Kind zur Welt bringt! Sie ist DIE Mutter. Ein erstaunliches Experiment. Die Presse, Fotografen und Fernsehsender aus aller Welt werden live dabei sein! Zumindest will der künftige Vater bei der Geburt dabei sein — hat er versprochen. Und das, obwohl er kein Blut sehen kann. Der Vater ist nüchterner. Er versucht, Ines gut zuzureden. Wird schon alles gut gehen! Peter hat sich Basiswissen angeeignet und geht im Übrigen davon aus, dass die Ärzte und die Hebammen »schon wissen, was sie tun«! Zusammen mit der Hebamme stehen sie nun erst mal probeweise im Kreißsaal. Peter atmet tief durch und Ines wundert sich, dass der Raum irgendwie »so eckig« ist.

Doch der Kreißsaal heißt nicht Kreißsaal, weil es darin oft rundgeht, sondern weil darin gekreischt wird: Erst schreien die Eltern, dann das Baby. Ines ist enttäuscht von dem Raum. Sie möchte, dass ihr Baby in einer harmonischen und »weniger eckigen« Umgebung geboren wird. Sie weiß, dass die erste Zeit im Leben eines Menschen besonders prägend ist für das weitere Leben. Sie befürchtet, in dem eckigen Saal könnte ihr Baby ebenfalls »irgendwie eckig« werden, physisch oder seelisch. Sie moniert: »Ich möchte eigentlich nicht, dass mein Baby als erstes Kacheln sieht! Kacheln sind immer so kühl! Und diese Geräte und Schläuche müssen sein — sehe ich ein. Aber kann man die bis zur Geburt farblich noch umgestalten?« ...

»Nicht? Könnten wir dann wenigstens die Wände oberhalb der Kacheln in einer anderen Farbe streichen? Hellblau fände ich schön. Wir würden das auch selber machen, nicht wahr, Peter? Du würdest das doch machen?!« Peter murmelt Zustimmung und die Hebamme reagiert professionell. Mit verständnisvollen Worten schlägt sie den Eltern vor, sich noch einen zweiten Kreißsaal anzuschauen: »Der wird immer gerne genommen!« Der zweite Raum ist zwar ebenfalls eckig, aber, wie Ines bemerkt, »von der Atmosphäre her RUNDER«. Sie entscheidet sich schließlich für diesen OP, zumal ihr zugesichert wird, dass sie das dort hängende Gemälde eines Impressionisten durch ein Bild ihrer Wahl austauschen darf.

Schließlich begutachtet Ines noch die Hände der Hebamme: »Ihre Hände sind weich und kräftig, die nehmen wir! Ist es denn sicher, dass auch SIE die Hebamme bei der Geburt sein werden? Und Sie bringen auch wirklich diese Hände mit?« Die Hebamme bestätigt, dass sich das bestimmt einrichten ließe. Peter und Ines verabschieden sich schließlich mit den Worten: »Vielen Dank für Ihre Geduld. Bitte verstehen Sie, dass wir es so genau nehmen, aber es ist unser erstes Kind und in acht Monaten ist es ja schon so weit! Wir haben das mit dem Mondkalender abgeglichen. In acht Monaten ist ein günstiger Termin für die Zeugung.«

♂ Werdender Vater	Deutsch
»Sie ist schwanger!«	Mist, sie ist schwanger!
»Irgendwie finde ich es gut.«	Ich hatte noch nie solche Panik!
»Ich stehe dazu.«	In Brasilien findet mich niemand!
»Ich lese jetzt eine Menge Ratgeber zum Thema Schwangerschaft und Geburt.«	Meine Frau liest jetzt eine Menge Ratgeber zum Thema Schwangerschaft und Geburt.
»Ich versuche, meine Frau während der Schwangerschaft so gut, wie es geht, zu unterstützen.«	Meine Frau meint, ich solle sie besser unterstützen.

 **Werdende Mutter**

Deutsch

»Ich habe mir immer ein Kind gewünscht!«

Jetzt, da ich tatsächlich ein Kind bekommen werde, bin ich mir nicht mehr so sicher! Was wird aus mir? Aus meinem Leben? Aus meinem Job? Aus meinem ... Oh Himmel, wer hat den Eimer weggestellt? Wo ist der Eimer?!

»Das ist die hormonelle Umstellung!«

Ich bin schwanger und habe jetzt immer eine Eins-a-Rechtfertigung für schlechte Laune!

»Ich habe doch gesagt, dass ich keinen Tee will!«

Habe ich gar nicht gesagt! Im Gegenteil, ich habe einen Tee bestellt. Aber ich bin schwanger und darf alles!

»Tee? Welcher Tee?«

Schwangerschaftsdemenz ist auch immer ein gutes Argument!

»Das Kind ist sehr lebhaft! Es tritt und strampelt.«

Es wird bestimmt einmal Spitzensportler. Auf jeden Fall etwas Besonderes!

Eltern-
TyPEN

Die Eltern-Typen kommen nicht immer in der beschriebenen Reinform vor – oft vermischen sich die Verhaltensweisen, der Kleidungsstil etc.

KONSERVATIVE ELTERN

 **Stil/Kleidung**

Der jeweiligen Landestracht entsprechend. Besonders beliebt ist die Tracht Prügel.

Verhalten

Vater und Mutter haben die MACHT – das Kind MACHT höchstens Ärger.
Kinder werden nicht erzogen, sondern eher gehalten: Zucht und Ordnung zu wahren. Vom Kind wird erwartet, dass es Leistung bringt (»Mach uns keine Schande!«), fleißig ist und die Hose nicht bekleckert (»Was sollen denn die Nachbarn denken?«). Eltern regieren mit Lob und Tadel, Zuckerbrot und Peitsche. Aber auch viele Naturprodukte kommen auf den Tisch, etwa Kopfnüsse oder Ohrfeigen. Doch nicht immer erzieht die Mutter mithilfe körperlicher Züchtigung. Manchmal überlässt sie das auch dem Vater.
Standard-Ermahnung: »Gottfried! Wenn du nicht SOFORT dein Zimmer aufräumst, dann setzt es was!«

sprache

In der konservativen Familie reduziert sich die Sprache auf Befehle und Drohungen – wie in jeder anderen militärischen Einheit auch. Dabei wollen Eltern der traditionell-konservativen Richtung ihrem Kind durchaus Geborgenheit und ein Gefühl von Heimat vermitteln. »Nach Hause« ist eine häufig verwendete Vokabel: »Warte, wenn Vater nach Hause kommt!« oder »Komm du mir mit einer Fünf nach Hause!«. Die Eltern werden mit »Vater« sowie »Mutter« angeredet. Bedeutendste Innovation konservativer Erziehung: Seit Mitte des 20. Jahrhunderts dürfen Kinder ihre Eltern duzen.

ansagen-Klassiker
konservativer Eltern

»Wer nicht hören will, muss fühlen!«

»Und zwar ohne Wenn und Aber!«

»Keine Widerworte!«

»Sonst setzt es was!«

»Ich sage es noch ein Mal im Guten!«

»Weil ich es sage!«

»Ein Klaps auf den Hintern hat noch niemanden geschadet!«

»Und wehe, du spurst nicht!«

»Das wird jetzt gemacht!«

»Sitz gerade!«

Ursprung/Ideologie

Die Schwarze Pädagogik – einer der Urväter ist ein Hochschullehrer aus dem 19. Jahrhundert mit dem Namen »Schreber«. Nach ihm wurde nicht nur der Schrebergarten benannt, er hat auch den Kindergarten wörtlich genommen, in dem der **Wildwuchs** zurechtgestutzt werden soll: »Man muss schon im 5. Lebensmonat beginnen, das Kind vom schädlichen UNKRAUT zu befreien« (Daniel Gottlob Moritz Schreber 1885, zit. nach K. Rutschky: Schwarze Pädagogik, 1993). Wie das zu geschehen hat, erläutert sein Kollege Sulzer aus dem 18. Jahrhundert: »... dass sie ihnen gleich anfangs durch ernstliches Schelten und durch die Rute den Eigensinn vertreiben« (Johann Georg Sulzer 1748, zit. nach K. Rutschky: Schwarze Pädagogik, 1993).

Vorkommen

Kann vorkommen. Die Erziehungsmethode der traditionell-konservativen Art kommt nicht nur vor, sondern auch wieder in Mode. Wird von manchen Pädagogen als Heilmittel gegen die Folgen der 68er-Pädagogik angesehen, siehe unter »progressive Eltern«.

LIBERALE ELTERN

 Stil/Kleidung

Legere Kleidung, der Mode entsprechend. Nicht zu schräg – was gerade **tragbar** ist. Alles soll IN MAßEN geschehen und unter dem Gesichtspunkt »praktisch«. Bei Kleinkindern: Schuhe mit Klettverschluss. Bei den größeren Kindern sind »Turnschuhe« okay, auch wenn die Eltern das aus gesundheitlichen Gründen eigentlich ablehnen. Das Kind soll schließlich nicht zum Außenseiter werden. Im Vordergrund steht die Toleranz dem Kind und seinem Wesen, seinem eigenen Stil gegenüber: »Nadine, ich habe nichts gegen Piercings, solange sie nicht Unterlippe und Brust verbinden.«

Verhalten

Das Kind wird nicht erzogen, sondern in seiner Entwicklung von den Eltern **begleitet**. Liberale Eltern wollen Bildung im klassischen Sinne vermitteln. Neben den Kindern sind Goethe, Kleist und Mendelssohn Mitglieder der Familie. Aber es darf auch mal ein Pop-Rock-Song sein, warum denn nicht? Erzogen wird durch überzeugen: »Rainer, es ist sicherer, wenn du erst deinen Führerschein machst – in vier Jahren –, bevor du nachts meinen Wagen fährst.«

😊 Sprache

Eltern werden mit Papa und Mama oder Vati und Mutti angeredet. Liberale Eltern machen Vorschläge statt Ansagen. Das Kind soll mit WÜRDE erzogen werden. Deshalb führen sie das Wort WÜRDE auch oft im Mund: »Sebastian, ich WÜRDE mich freuen, wenn du den Teller aufisst.« Im Konfliktfall wird der Konjunktiv keinesfalls abgelegt – jugendlichen Testosteronanfällen besonnen und mit friedlichen Mitteln begegnet. »Jakob, ›Vollarsch‹ ist ein Wort, das ich dich bitten würde, deinem Vater gegenüber seltener zu benutzen.«

Härteste Drohung: »Katharina, wenn du immer so ein Geschrei machst, bloß weil du dein Zimmer aufräumen sollst, dann räumen wir in Zukunft dein Zimmer auf!«

🧭 Ursprung/Ideologie

Die von der Weimarer Klassik angeregte Erziehung des Menschen im Sinne der »inneren Bildung«. Menschenbild: Der nach Vollkommenheit strebende Mensch soll zu sich selbst finden, wird in jungen Jahren durch Eltern und Lehrer im ganzheitlichen Sinne GEBILDET, bevor er das als Erwachsener selbst übernehmen kann, um dann wiederum seinen Kindern damit auf den Keks zu gehen, die wiederum ...

 Vorkommen

Überall wo es »Die Zeit« zu kaufen gibt und eine Montessori- oder Waldorfschule in der Nähe ist.

PROGRESSIVE ELTERN

 Stil/Kleidung

Den progressiven Eltern geht es darum, sich mit dem Kind in Stil und Kleidung von der »breiten Masse« abzuheben, sich alternativ (das heißt übersetzt: anders geboren) zu zeigen. Sie wollen – im Gegensatz zum angepassten Bürgertum – individuell leben, halt so, wie die ganzen anderen Individualisten gleicher Gesinnung. Stilklassiker sind die drei Bs: Batik, Birkenstock und Bruststillen in der Öffentlichkeit.

Verhalten

Erzogen wird nach der Margarinemethode: Du darfst! Progressive Eltern lassen im Umgang mit dem Kind Hierarchien nicht gelten. Das Kind ist gleichberechtigt und wird von Anfang an in Entscheidungsprozesse mit einbezogen: »Joaquín, kannst du mal in dich reinspüren, ob du gewickelt werden möchtest?« Ziel ist, das Kind zum Widerspruch anzuregen – das Kind lernt zu gehen

und sich gehen zu lassen. Basisqualifikationen stellen Schreien und Toben dar. So werden die Kinder zum Tanzen angeregt, wobei sie mit Vorliebe auf der Nase ihrer Eltern herumtanzen. Diese geraten dann manchmal in einen inneren Konflikt: Wenn das Kind die Fingerfarben auf dem Naturledersofa anmischt, um sich anschließend in der Gardine künstlerisch auszuleben, fällt es auch ihnen schwer, den herrschaftsfreien Diskurs aufrechtzuerhalten.

Gutes Benehmen gilt jedoch als bürgerlich bis faschistisch. Ansagen oder gar Anschnauzer würden im Übrigen das gute partnerschaftliche Verhältnis zu den Jüngsten gefährden! Nicht zuletzt erwarten sie von ihren Kindern viel Lob und Anerkennung. Damit progressive Eltern sich in ihrer Persönlichkeit weiterentwickeln können, müssen die Kinder bereit sein, ihren Eltern ein hohes Maß an Zuneigung und Zärtlichkeit zu geben. Verantwortungsbewusste Kinder nehmen ihre progressiven Eltern dann auch oft und gerne auf den Arm.

Härteste Ansage: »Shari! Hast du schon wieder dein Zimmer aufgeräumt? Wir hatten doch besprochen, dass wir diesen bürgerlichen Quatsch lassen.«

 Sprache

Eltern werden mit den jeweiligen Vornamen angeredet. Progressive Erziehung bedeutet, dass Kinder zu ihren Gefühlen stehen und das auch entsprechend verbalisieren können. Oder wie es Miley aus der Goethestraße ausdrückt: »Verfickte Scheiße, Mann!« Die progressive, um Gleichstellung bemühte Mutter wird in einem solchen Fall vielleicht sogar ausnahmsweise korrigierend eingreifen: »Miley, wie redest du denn? Man sagt doch nicht ›Mann‹!«, sich aber ansonsten freuen, welches Selbstbewusstsein die Zweijährige schon an den Tag legt.

Welche Ansprüche progressive Eltern und Erzieher an Kinder stellen, ist gut an den Namen abzulesen, die manche Kinderläden tragen: »Kleine Rüpel«, »Kleine Drachen« oder auch »Giftzwerge«.

Ursprung/Ideologie

Grundlage ist die antiautoritäre Erziehung. In Deutschland gründeten 1968 AktivistInnen des SDS erste antiautoritäre Kinderläden. Im Gegensatz zum Schweigen der Kriegs- und Nachkriegsgeneration wollte man die nun aufwachsenden Kinder zu »Kritikfähigkeit« und »Widerstand« ermuntern. Unter den Eltern selbst wurde Kritik allerdings kritisch gesehen. Wer damals dazugehören wollte, musste Außenseiter sein. Wer »scheiß-

37

liberal« war und den Antiautoritären gegenüber kritisch eingestellt, wurde von den Anti-Autoritäten abgelehnt, flog raus, und zwar zack, zack – ohne Wenn und Aber.

 Vorkommen

Schon mal im Bioladen gewesen?

ENGAGIERTE ELTERN

Stil/Kleidung

Für die engagierte Mutter gibt es ein Leben vor der Empfängnis. Aber kein Leben nach der Geburt. Muttersein bedeutet: Umstandsmode lebenslänglich. Oder es kommt die gute alte Schürze zum Tragen. Alles Verlockende wird dagegen rausgeschmissen: Schminke, kurze Röcke sowie der Vater. Die engagierte Mutter will sich einfach auf die Erziehung EINES Kindes konzentrieren. Bleiben die Eltern dennoch zusammen, kann sich das Kind auf etwas gefasst machen, denn engagierte Erzeuger machen eine grundsätzliche Problematik besonders deutlich: Eltern – es gibt zwei davon!

Die Wohnung wird so kindgerecht eingerichtet, dass es KRACHT: Im Wohnzimmer kann das Kleine auf allem herumtrommeln, jeden Gegenstand runterschmeißen und auseinandernehmen – geradeso wie es ihm beliebt. Denn alle Spuren erwachsenen, intelligenten Lebens wurden bereits beseitigt, bevor es gezeugt wurde. Es sind allerdings auch Fälle bekannt, in denen engagierte Eltern den Vorgang der Zeugung unterschätzt haben. Sie lebten dann jahrelang im leeren Kinderzimmer und staunten Bauklötze. Die Einrichtung ist, muss man es überhaupt erwähnen, von IKEA. Bekanntlich steht der Name für »Im Kinderzimmer Engagierte Alte«. Mit dem exzessiven Aufstellen skandinavischer Möbel verbinden manche Eltern die Hoffnung, wie die skandinavischen Länder bei PISA auch mit ihrem Kind mal ganz weit vorne zu landen.

 Verhalten

Engagierte Eltern machen Anleihen bei allen zuvor beschriebenen Richtungen: Sie wollen konservativ, liberal und progressiv zugleich sein. Denn der Wille zur Perfektion stellt die größte Motivation engagierter Eltern dar. Bloß nichts falsch machen, lautet die Devise. Es treibt sie die Angst um, zum falschen Zeitpunkt abzustillen bzw. den Moment zu verpassen, in dem es angemessen ist, Beikost zu füttern. Da PENDELT Mutter lieber die geeignete Temperatur für den Hirsebrei aus, und Vater geht sicherheitshalber mit dem Geigerzähler über den Möhrenpamps: Zeigt der keinen Ausschlag, bekommt das Kind auch keinen. Der enga-

gierte Vater hat die Nuckelflasche stets entsichert im Anschlag und achtet darauf, dass das Kind alles bekommt, was er braucht. Ambitioniert versucht er, geistig und körperlich das Maximale aus seinen Sprösslingen herauszuholen! Auf einigen Spielplätzen konnte ich engagierte Väter beobachten, die ihre Vierjährigen über den Parcours am Holzspielplatz gejagt haben wie Sergeant Hartman seine Rekruten in »Full Metal Jacket«: »Ja, Karl! Weiter! Du schaffst das! Wenn du fällst, musst du wieder aufstehen! Das rote Zeug ist etwas ganz Natürliches! Und jetzt alle zusammen: links – zwo – drei – vier! Zickezacke …«

Gibt es eine Schramme, tritt die Mutter auf den Plan: »Zum Arzt! Was da alles passieren kann! Tetanus! Blutvergiftung! Epidemie!« – »Bei einem blauen Fleck?« – »Natürlich, das kann sein!« Beim Arzt wird eine Vorzugsbehandlung erwartet nach dem Motto: Lassen Sie mich durch, ich bin Mutter! Beruhigung tritt erst ein, wenn der Arzt, den man am Sonntagnachmittag um vier im Kurzurlaub ausfindig gemacht hat, bekannt gibt: »Ihrem Kind geht es gut, machen Sie sich keine Sorgen. Nur Sie als Eltern müsste ich mal untersuchen.«

😊 Sprache

Dem Baby und Kleinkind gegenüber ist die Sprache engagierter Eltern KINDGEMÄß. Neuesten Erkenntnissen zufolge ist Babysprache nämlich für Babys geeignet –

wer hätte das gedacht?! Deshalb bringt es nichts, mit Kindern wie mit Erwachsenen zu reden, was progressive Psychologen bis vor Kurzem angenommen haben. **Selbstverständlich werden engagierte Eltern rechtzeitig einen Grundkurs in Babysprache absolvieren: »Herr und Frau Hellmann, Ihr ›kitzel, kitzel‹ und Ihr ›Oioioi – was haben wir denn da?!‹ sind schon sehr schön. Aber an Ihrem ›eijeijei‹ müssen Sie noch arbeiten!«**

 ursprung/Ideologie

Keine Ahnung, wie es dazu kommen konnte.

Vorkommen

Kommt in den besten Familien vor. Geografisch gesehen etwa in Berlin-Prenzlauer Berg (Volksmund: »Pregnancy Hill«), Hamburg-Schanzenviertel, München-Haidhausen, Stuttgart-Gablenberg sowie bei mir im Haus. Direkt nebenan. Wenn mein Sohn da ist. Wo steckt er eigentlich? Er hat sich schon seit einer halben Stunde nicht gemeldet?! Ich werde eine Suchanzeige aufgeben.

VERNACHLÄSSIGENDE ELTERN

Informationen zu diesem Typus entnehmen Sie bitte »Bild« oder »RTL-Explosiv«!

Die Geburt und ihre Folgen

ALLES MUSS RAUS!

Die Geburt

So eine Geburt ist schon ein gewaltiges Ereignis und schwer zu beschreiben. Für alle, die noch nicht dabei waren, hierzu ein paar Stichpunkte:

> **Tut richtig weh!**
> **Schmerz ist stärker, als man sich vorstellen kann!**
> **Viele werden ohnmächtig dabei – manchmal sogar die Mütter.**
> **Trotzdem sagen die meisten: »Tut richtig gut. Das Erlebnis ist schöner als alles, was man sich vorstellen kann.«**

Nachgeburt

Die Nase des frisch geborenen Babys ist ganz platt, weil es sich durch den engen Geburtskanal zwängen musste, es läuft rot an, hat auf dem ganzen Körper die sogenannte Käseschmiere. Anschließend bekommen viele Neugeborene auch noch die Gelbsucht. Doch obwohl ihr Säugling erst mal ziemlich scheckig, fleckig und verbeult aussieht, finden alle Eltern ihr Baby immer WUNDERSCHÖN. Vermutlich, weil sie die besondere Aura ihres himmlischen Kindes wahrnehmen! Dabei ist ein Säugling direkt nach der Geburt, »objektiv« betrachtet, nicht besonders schön. MEIN Sohn war direkt nach der Geburt allerdings auch objektiv betrachtet sehr SCHÖN. Vor allem den ersten Moment werde ich nie vergessen: Er hat mich angeschaut! Mit einem Blick, wie soll ich sagen: offen, voller Vertrauen und doch ein wenig skeptisch ... auf jeden Fall war der Blick sehr SCHÖN.

Babyblues

Viele Mütter sind nach der Geburt erst mal nicht so gut drauf. Wen wundert's? Sie haben Übermenschliches geleistet. Der Verein »Schatten und Licht – Krise rund um die Geburt« vermutet, dass circa 70 Prozent aller Mütter den Babyblues bekommen. Über die Ursachen ist sich die Fachwelt nicht ganz im Klaren. Vermutlich spielt die hormonelle Umstellung eine Rolle. Wie beschrieben, produziert die Plazenta einen Haufen Glückshormone. Ist die Nachgeburt raus, wird die WÖCHNERIN auf Entzug gesetzt und mit dem Kind auch noch ein Haustier angeschafft: ein mächtiger Kater.

Familienleben

Dabei beginnt der Stress ja jetzt erst! Kaum ist die anstrengende Geburt vorbei, heißt es schon: kümmern, hegen, verpflegen! Und damit nicht genug: Außer um die Verwandten, die zu Besuch sind, müssen sich die Eltern ja auch noch um das Kind kümmern. Aber keine Panik – Verwandte und Bekannte erwarten von den frischgebackenen Eltern in dieser angespannten Situation nicht allzu viel. Während der Entbindung genügt es vollkommen, wenn die werdende Mutter ab und zu ein paar Schnittchen rausreicht. Den Vater wird man diesbezüglich ohnehin nicht überfordern: Jeder weiß, wie anstrengend und schmerzhaft die Geburt für ihn ist.

Nach der Entlassung aus der Klinik kann eine Geburts- oder Taufgesellschaft eine Atmosphäre der GEBORGENHEIT und des Vertrauens schaffen. Eltern fühlen sich dann sozial eingebunden und alles andere als allein gelassen. Wer alles da ist: Oma, Opa, Großmutter, Großvater – wer wie bezeichnet wird, kann im Losverfahren ermittelt werden –, Tanten, Onkels, Großtanten, Nichten ... So viele Verwandte waren noch nie da! Unter Umständen merkt man, dass es nicht zwingend notwendig war, an diesem Umstand etwas zu ändern.

Mutter, Mutter

Die Mutter ist nun einer Doppelbelastung ausgesetzt: Zum einen muss sie sich um das Kind kümmern, zum anderen steht ihr die eigene Mutter mit Rat und Tat zur Seite! Das ist hart, denn die eigene Mutter hat eine Menge RATSCHLÄGE parat: »Höher, du musst das

Kind seitlicher und höher halten!« – »Ich möchte das
Anlegen bitte selber machen!« – »Selba machi –
das hast du, als du klein warst, auch immer
schon gesagt.« Ganz schön heftig, da hat die
Mutter ein Kind bekommen, muss aber in
Gegenwart der »Oma« auch noch die eigene Tochterrolle erfüllen: »Wenn du die
Windel rechts und links nicht richtig
schließt, hast du bald eine schöne Be-
scherung.« – »Mama ...!« – »Ich weiß,
wie man damit umgeht, wir haben dir
doch diese Windeln geschenkt.« – »Diese Windeln sind von euch?« – »Ja, die
sind schon seit fünf Generationen in der Familie.«
Mutter lernt viel dazu. Beispielsweise, dass man die Bedeutung des Wortes »Ratschläge« besser erfasst, wenn
man die erste Silbe weglässt. Wie schon erwähnt, wird
nach wie vor darüber gerätselt, was die Wochenbettde-
pression verursacht. Ich könnte mir allerdings vorstellen, dass der Aspekt **Verwandtschaft** dabei noch nicht
ausreichend berücksichtigt wurde.

Die Ersten Gratulanten

Viele Pädagogen raten dazu, die Eltern nach der Geburt
erst mal in Ruhe zu lassen und sie nicht zu überfordern.
Doch in der Praxis ist das schwer umzusetzen. Zu groß
ist die Freude über den neuen »Erdenbürger«! Vor allem

Tante Milupa und Onkel Nuk können sich nicht zurück-
halten! Sie gehören genauso wie Alete, Pampers, Lego
und Co. zu den ersten Gratulanten. Meistens schon vor
der Geburt des Kindes flattern – völlig selbstlos – Ge-
schenke ins Haus wie etwa Pröbchen, Give-aways und
Prospekte! Klar: Babys brauchen feste Bezugspersonen! Die frühe Bindung ist entscheidend für den weiteren Lebensweg! Vor allem die Kundenbindung: zum
Beispiel mit der »Indoor-Windeltonne Windeltwister, die
den Geruch wegnimmt! Mit Easi-push-Verschluss,
Twist-lock-Technologie und Germ-seal – unübertroffene
Geruchskontrolle«![1] Da merkt man sofort: Das ist Tech-
nik total! Besonders Männer dürften sich da angesprochen fühlen. Kleine Anregung für Väter beim Vorstel-
lungsgespräch in der Kindertagesstätte: nicht dumm
rumstehen, sondern ein paar Fachbegriffe fallen lassen,
wie »Wir haben jetzt den neuen Windeltwister mit Easi-
push-Verschluss, Twist-lock und Germ-seal.« Da ist der
Kitaplatz praktisch schon sicher.

Für Mütter, die das Haus auch mal verlassen wollen,
gibt es die NUK Soft & Easy Handmilchpumpe, einfach
zu bedienen, aber ohne Extras. Wem das läppisch vor-
kommt, der kann in die Oberklasse wechseln zur (Ach-
tung: Kreativität!) Milchpumpe NUK e-Motion mit 2-
Phasen-Pumpsystem. Diese Pumpe »kann das Saugen
des Kindes perfekt imitieren«.[2] Wer braucht da überhaupt noch ein Baby? Wo alle so fürsorglich sind, darf
ein Möbelhersteller »Made in China« nicht fehlen. Re-

formpädagogisch duzt er die Eltern: »Das kannst du deinem Kind geben« – Bettchen, Stühlchen, Tischchen … Kompetenz in Sachen Nachwuchs kann man den fernöstlichen Tischlern natürlich nicht absprechen. Gerüchten zufolge werden einige Möbel sogar von Kindern hergestellt.

Junge oder Mädchen? – Reaktion der Eltern

Konservativ: Zum Glück ein Junge!

✳ ✳ ✳

Liberal: Wir hätten uns aber auch über ein Mädchen gefreut!

✳ ✳ ✳

Progressiv: Das soll er später selber entscheiden!

✳ ✳ ✳

Nennen wir das Kind doch beim Namen!

Namensgebung

»Nomen est omen« wie der Lateiner sagt – aber wer will schon »Omen« heißen? Da Namen zweifellos von Bedeutung sind, schließlich müssen Eltern sie mindestens 18 Jahre lang brüllen, machen sie sich deswegen heute einen ganz schönen Kopf. Da werden Listen erstellt, Namensratgeber gewälzt, Verwandte und Freunde befragt. Die Favoriten kommen in die engere Wahl und am Ende heißt er MARVIN MARCEL MUNTEANU. Man will es halt allen recht machen – auch dem Hausmeister aus Rumänien.

Früher, als alles besser war, sogar die Vergangenheit, wurden die Jungs einfach noch so genannt wie der Vater (zumindest der »Stammhalter«) und die Mädchen oft nach einer bedeutenden Persönlichkeit. Meine Oma hieß zum Beispiel Luise – wie die populäre preußische Königin. Heute werden Kinder ebenfalls gerne nach großen Adligen benannt, nach Hollywoodstars wie Dustin, Sean oder Angelina.

Dem Trend der Stars zu folgen und ihre Kinder nach den Orten zu benennen, an denen sie gezeugt wurden – wie Brooklyn, Lourdes oder Chelsea –, fällt deutschen Eltern aber offenbar schwer. Viele befürchten dann doch, dass ihr Schützling später gesellschaftlich benachteiligt wird mit einem Namen wie »Küchentisch Müller« oder »Rücksitz Lehmann«. Dass Kevins und Mandys diskriminiert werden, belegen Untersuchungen inzwischen. Sie bekommen schlechtere Noten bei gleicher Leistung! Andererseits haben junge Menschen mit Namen wie Chantal und Cora nachweislich bessere Bewerbungschancen im »Big-Brother«-Haus.

Seit einigen Jahren geht die Tendenz nun zu schlichten Retro-Namen. »Hans« hört man auf dem Spielplatz, »Friedrich«, auch »Emma« – warum eigentlich nicht? Eltern, die sich trotzdem nicht entscheiden können, möchte ich raten, den Namen des Kindes zu TRÄUMEN. Die Mutter meines Sohnes hat auf diese Weise den richtigen Namen gefunden. Tatsächlich! Das geht, man muss es nur wollen! Sagt sie. Ich fand den Namen jedenfalls ganz gut. Bin allerdings froh, dass der Sandmann nicht so was geflüstert hat wie »Marvin Marcel Munteanu«.

Geburtsanzeigen

Während der Name oft schon vor der Geburt feststeht, kann die Geburtsanzeige erst nach der Geburt verfasst werden. Fakten wie Größe und Gewicht dürfen in keiner korrekten Anzeige fehlen. Beim Verfassen lassen Mutter und Vater der Kreativität oft freien Lauf. Die folgenden (echten!) Werke stammen von Postkarten oder sind Zeitungsannoncen und E-Mails entnommen:

Hi!! Ich bin Konstantin!!

Und ab Heute mach ich die Weld unsicher!

Als schönster Junge der Staion wurde ich mit einem Kampfgewicht von: 3225Gr. und einer Gösse von 52cm am 27.3. um 18.10 zur Welt gebrachd.

Das Ereignis Kind ist überwältigend und groß. Dagegen wird alles andere nebensächlich – zum Beispiel die Rechtschreibung. Auch wichtige biologische Tatsachen sollen unbedingt Erwähnung finden:

Ich kam nicht mit dem Zug,
auch nicht im Flug.
Ich kam aus Muttis Bauch,
wie alle anderen Babys auch.

Das musste mal gesagt werden! Einzigartig ist ebenfalls die Geburtsanzeige der frischgebackenen Eltern Petra und Ralf mit einem geschmackvollen Vergleich aus dem militärischen Bereich:

Bombe anna eingetroffen!

In die in einem Jahr leidlich aufgebaute Ordnung der Familie Schneider schlug am Samstagabend, 23.18 MEZ eine Bombe ein.
Die anwesenden Experten untersuchten die Bombe an Ort und Stelle:
Sie ist 53 cm lang, 3,65 kg schwer und ohne Beschädigung.
Die Erbauer Ralf und Petra werden in den nächsten Jahren ihre liebe Mühe haben, dieses Prachtexemplar zu entschärfen.

♀ Mutter

Deutsch

»Die Geburt war das intensivste Erlebnis, das ich je hatte!«

Es hat zehn Stunden gedauert! Ich dachte, die Folter wäre in Europa abgeschafft?!

♂ Vater

Deutsch

»Natürlich war ich bei der Geburt dabei!«

Die Kantine in der Klinik könnte man wirklich gemütlicher einrichten.

♀♂ Eltern

Deutsch

»Unsere Tochter heißt Megan Nora Nadine.«

Unsere Tochter ist etwas ganz, ganz Besonderes!

»Unsere Tochter heißt Sharon Shalom Spicy Chicken.«

Unsere Tochter ist etwas ganz, ganz, ganz Besonderes! Schade, dass das Standesamt das anders sieht und den Namen ablehnt.

»Unser Sohn heißt Kevin.«

Das Kondom ist geplatzt.

»Unsere Tochter heißt Mandy.«

Das Kondom ist geplatzt.

Baby-
Eltern

Auf Kummer sicher gehen!

Drogen

Auf Außenstehende mag das Verhalten von Eltern gerade in der ersten Zeit besonders merkwürdig wirken, es ist aber letztlich auch nicht seltsamer als das Verhalten anderer Junkies. Forschern der Baylor University, Texas, ist es in einem Reihenversuch gelungen, Gehirnströme von Eltern zu messen, während ihr Baby sie anlächelt. Dabei konnten sie feststellen, dass das Belohnungszentrum des Gehirns aktiviert und ein Hormon ausgeschüttet wird, das Euphorie hervorruft. Es soll ähnliche Gefühle vermitteln, wie sie Heroinabhängige haben, wenn sie high sind. Schwarz auf weiß: Eltern sind so unzurechnungsfähig wie Leute, die an der Nadel hängen! Und nach zahlreichen schlaflosen Nächten sehen sie auch so aus.

In den ersten Wochen nach der Geburt können Kinder zwar noch nicht bewusst lächeln (der Volksmund sagt, sie »werden gelächelt«), trotzdem ist es für Eltern immer ein sehr erhebender Moment. Ein Lächeln zeigt: Das Kind, es lebt, es geht ihm gut und es macht sich offenbar über seine Eltern lustig. Dieses Talent wird es später noch ausbauen – früh übt sich, wer …

Sorgen und Versorgen

st doch auch verständlich, dass junge Eltern entzückt ind von diesem niedlichen, kleinen Bündel, aus dem lie großen Augen, die süßen, dicken Ärmchen und die vinzigen Finger herausschauen! Eltern folgen natürlich inem natürlichen Bedürfnis, wenn sie dieses GOLDIGE Vesen versorgen und beschützen wollen. Dafür sind Eltern auch bereit, Übermenschliches zu leisten: Sie lehmen anstrengende Nahrungsbeschaffungsmaßnahmen genauso in Kauf wie Schlaflosigkeit. Sie lernen leue überlebensnotwendige, multiple Fähigkeiten wie **Windeln wechseln, dabei Kind beruhigen und simultan Opa zuhören** oder **Spieluhr aufziehen und gleichzeitig Baby, Bärli, Maus und Hase in die Wiege legen**. Eltern müssen – zumindest in den ersten Monaten – ganz von len eigenen Bedürfnissen absehen. »Mal eben abends veggehen« können sie knicken, das Partyleben kommt völlig zum Erliegen. Es sei denn, man rechnet stundenlange nächtliche Gesangseinlagen am Bett des Kindes dazu! Die Mutter meines Sohnes sagte mal: »Die ersten sechs Monate nach der Geburt waren die härtesten zehn Jahre meines Lebens!«

Vor allem beim ersten Kind zeigen Eltern eine heroische Bereitschaft, Unannehmlichkeiten auf sich zu nehmen. Um zum Beispiel sicherzugehen, dass die ausgesuchten Windeln auch wirklich nicht scheuern, tragen manche Eltern die saugstarken Lappen sogar selber zur Probe.

Und es ist ihnen egal, ob es in dem Supermarkt eine
Umkleidekabine gibt oder nicht.

Wahren Löwenmut beweisen Eltern in dieser Zeit! Sie
haben vor nichts Angst – schon gar keine Angst vor
Befürchtungen. Die Treppe bekommt ein Sicherheitsgit-
ter, der Herd ein Sicherheitsblech, die Steckdose eine
Kindersicherung, das Babyfon (»Falls was ist, man weiß
ja nie!«) ist immer dabei und immer an – selbst beim
Stillen. Eine anständige Babywohnung ist besser gesichert als die Bundeszentralbank und hygienischer als
eine Chipfabrik! Keine Chance bekommen Eindringlinge
wie Schmutz, BAZILLEN oder Bekannte! Als ein guter
Freund von mir nach der Geburt meines Sohnes zum
ersten Mal zu Besuch kommen wollte, habe ich ihn an-
gebrüllt: »Schuhe aus, sofort!« – am Telefon, da war er
noch nicht mal von zu Hause losgefahren. Als er die
Wohnung schließlich unter strengen Auflagen betreten
durfte, hat die Mutter ihn nochmals ermahnt, bloß
nichts zu berühren, was direkt oder indirekt mit dem
Kind zu tun haben könnte: »Nein, mit diesen schmutzi-
gen Händen fasst du die Seife nicht an!«

Schnuller

In den Augen besorgter Eltern wird da natürlich ein
Schnuller, der in den Dreck gefallen ist, zum NUCKEL
DES TODES! Abkochen ist in diesem Fall Pflicht! Des-
infizieren! Am besten gleich wegschmeißen und der

Hersteller verklagen! Professionelle Eltern haben selbstverständlich immer Zweit- und Drittschnuller parat. Vorausgesetzt allerdings, die Schnullerfrage wurde schon verantwortungsvoll gelöst! Schnuller aus Latex oder Gummi? Das ist hier die Frage! Oder gar aus Silikon? Für Laien sicher interessant: Nach der Geburt kommen in etwa dieselben Materialien zum Einsatz wie kurz vor der Zeugung. Nur die Probleme variieren etwas: Dieser Schnuller kann reißen, jener Allergien auslösen. Und ist Kautschuk wirklich hygienisch einwandfrei? Manchen Eltern bereiten solche quälenden Fragen zusätzlich schlaflose Nächte. Doch spätestens wenn Uroma anmerkt: »Wir hatten ja damals noch gar keinen Schnuller, wir hatten eine Speckschwarte!«, wissen Eltern, dass sie bei der Wahl des richtigen Sauggeräts heute gar nicht so viel falsch machen können.

Tipp: Gesunde Schmutzfinken

Schmutz – in Maßen – fördert sogar die gesunde körperliche Entwicklung des Kindes. Nachweislich trainiert er das Immunsystem. Kinder, die in einer keimreichen Umgebung groß werden, beispielsweise auf einem Bauernhof, leiden später weniger unter Allergien als ihre aseptisch aufgezogenen Altersgenossen. Eltern kann eigentlich gar nichts Besseres passieren, als dass ihr Sprössling ein richtiger Dreckskerl wird!

andere Eltern

Viele Pädagogen sind der Auffassung, dass der Erfah
rungsaustausch mit anderen Eltern zu einem gelassene
ren Umgang mit den Kindern führt. Diese Auffassung
teile ich allerdings nicht. Denn Versammlungen von
Gleichgesinnten erhöhen die Ansteckungsgefahr mit ei
ner typischen Elternkrankheit, nämlich der fiesen und
schwer zu therapierenden GERÜCHTERITIS, deren Sym
ptome sich im vielstimmigen Chor engagierter Mütter
zeigen: »Ich habe gehört, dass Karotte zu einem WUN
DEN PO führen kann«, »Ich habe gehört, dass zu tiefes
Einatmen beim Stillen zu Blähungen führt, die dann
NIE WIEDER WEGGEHEN!«, »Ich habe gehört, dass zu
trockene Luft in der Wohnung zu genetischen Schäden
und zur AUSROTTUNG DER GANZEN FAMILIE führt«
... Ich habe gehört, dass Stephen King seine Horror
bestseller nur deswegen so überzeugend schreiben
konnte, weil er für jedes Buch einen Tag lang in einer
Mutter-Kind-Gruppe recherchiert hat.

Mann und Frau als Mama und Papa

Viele richten sich in der ersten Zeit vollständig nach
dem Kind, wodurch möglicherweise das Verhältnis zwi
schen den Eltern leidet. Mancher Vater fühlt sich als
Außenseiter, solange die Mutter stillt. Natürlich hat sie
in den ersten Monaten den direkteren Zugang zum
Kind. Doch damit sollte er sich abfinden. In dieser Zeit

darf der Vater auf keinen Fall den Fehler begehen und »draußen in der Welt« irgendwie Spaß haben. Sonst nimmt SIE sich IHN zur Brust! Nichts nervt Mama mehr als ein Papa, der nach Hause kommt und von einem »total lustigen Bowlingabend«, vielleicht noch mit anschließendem Fress- und Saufgelage, erzählt, während sie daheim sitzen und die trübe Suppe auslöffeln kann, die er ihr schließlich eingebrockt hat: Ich habe wunde Brustwarzen, der genähte Dammriss schmerzt und er amüsiert sich! Super! Darum gibt es für Spätheimkehrer-Väter auf die Frage: »Schatz, wie war dein Tag?!« auch nur eine richtige Antwort: »Miserabel. Ganz schlecht. Stress ohne Ende! Ich hatte im Büro wahnsinnig viel zu tun, ich stand im Stau und ich weiß nicht warum, aber irgendwie tun meine Brustwarzen weh.«

Babysprache

Eltern zeigen sich meistens recht aufgeschlossen, wenn es darum geht, Kindern in ihrer Sprachentwicklung entgegenzukommen. »Du, du« und »da, da«, sowie »ei, ei« gelten dabei als die gebräuchlichsten Vokabeln im Grundwortschatz Babysprache. Nach ein paar Monaten können Profieltern Sätze wie »Feini Breichen! Leck lecki! Jamm jamm! Hm, schmecki das?« fehlerlos sprechen. Diminutiva, also VERKLEINERUNGSFORMEN

chmusen sich an jedes Wort ran – es wimmelt nur so
on »Bettchen«, »Stühlchen« oder »Breichen«. Das Kind
vird zum »Hasilein«, zum »Süßilein« oder eventuell so-
ar zum »Säulein«. Was ohnehin schon klein erscheint,
vird nochmals reduziert, etwa das »Babylein«. Anderer-
eits bekommen große Gefühle etwas Niedliches, wenn
ie Eltern beispielsweise einen Wutanfall zum »Zör-
elein« umdeuten.

ater und Mutter lassen im sprachlichen Umgang mit
em Baby gerne auch ihrer Fantasie freien Lauf. Zoolo-
en bisher völlig unbekannte Arten wie »Bärilämmchen«
der »Mausefröschlein« machen die Runde. Häufig flie-
en Elemente aus der Comicsprache ein, gerade wenn
s darum geht, Aktionen des Kindes zu kommentieren:
Gluck, gluck«, »saus«, »rums« oder »padautz«. Bei
ntsprechender Vorbildung greifen einige Eltern auf
okabeln aus der Hundesprache zu-
ück: »Aus!«, »Sitz!« oder »Schlaf!«
eißt es dann – meistens allerdings
hne großen Effekt.
ielen Eltern fällt auch das Umschal-
en von Kinder- auf Erwachsenen-
etreuung ziemlich schwer. Gäste
nüssen deswegen damit rechnen,
ass ihnen bei Besuchen ein »Süppchen« oder ein
Bierlein« angeboten wird, während sie sich bitte ins
Sesselchen« setzen mögen. Selbst dem Vorgesetzten

63

kann es bei einem Besuch passieren, dass er mit »Che
chen« oder »Bossilein« angeredet wird. Dies sollte e
aber genauso wenig persönlich nehmen wie ein »Sitz
machi!«, »Hattu Hunger?« oder »Pipi? Machst du lau
bis gaaanz hinten und daaa ist das Töpfchen!«.

❗ KLEINE BEGRIFFSKUNDE ❗

Stillhütchen 1: Aufsätze für die Brust, um wunde
Brustwarzen zu vermeiden.

Stillhütchen 2: Setzt man dem Baby ein solches Still
hütchen auf, ist es sofort still und schläft! Zum Be
dauern vieler Eltern noch nicht erfunden.

Moro-Effekt: schreckhaftes Öffnen der Arme (meis
bis zum sechsten Monat).

Ei-ei-Effekt: reflexhaftes, entzücktes Öffnen der Arme
bei Tanten und Onkels, wenn sie ein Baby sehen.

Greifreflex: Alle Primaten können von Geburt an mi
Händen und Füßen reflexartig greifen. Den Greifreflex
nutzen manche Kinder auch später noch im Teen
ageralter – wenn sie sich in einem Geschäft aufhalten

Storchenbisse: rote Flecken auf der Haut des Babys
nach der Geburt. In der Regel verschwinden sie nach
ein paar Tagen. Völlig normal. Bei sensiblen, ahnungs
losen Eltern können Storchenbisse allerdings anste
ckend sein und zu **Gewissensbissen führen:** Haben wi
etwas falsch gemacht? Sind wir daran schuld?

uhEStörung

Mein Sohn hat sich, als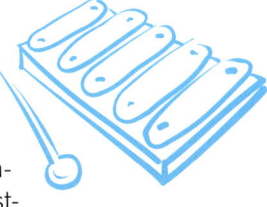
r schon etwas älter war,
ber die Naturgesetze ein-
mal folgendermaßen geäußert:
»Vögel fliegen, Fische schwim-
men, Eltern nerven!« Diese Fest-
stellung ist sachlich völlig korrekt. Eltern müssen ner-
en, sich KÜMMERN – sie müssen bei ihrem Baby für
Nervenstränge sorgen, die die Nervenzellen miteinander
erbinden, weil sie sonst VERKÜMMERN.

Man könnte der Gesetzmäßigkeit natürlich folgenden
Punkt hinzufügen: Eltern SIND genervt. Vor allem, wenn
das Kind schreit. Doch das ist so normal wie notwendig.
Der Säugling schult auf diese Weise unter anderem
eine Lungentätigkeit! Daran, wie mit dem Schreien
es Kindes umzugehen ist, scheiden sich allerdings die
Geister. Einige konservative Pädagogen sind der Auffas-
ung, Eltern könnten den Säugling »ruhig mal schreien
lassen«, er würde sich schon von selbst beruhigen. Die-
e Pädagogen haben offenbar nur theoretisch Erfahrung
mit Kindern und praktisch keine Erfahrung als Nach-
arn. Außerdem konnten Endokrinologen feststellen,
dass Babys, wenn sie zu lange schreien, Stresshormone
n toxischen Dosen ausschütten, was negative Langzeit-
olgen hat. Sie können ihr Nervensystem noch nicht
elbst regulieren, das müssen Bezugspersonen tun –

durch körperliche NÄHE. Kleine Kinder können ih
Nähebedürfnis ja noch nicht so kultiviert einfordern wi
zum Beispiel einige erwachsene Frauen: »Nimm mic
endlich in den Arm, du Idiot!«

Deswegen geht hier der exklusive heiße Tipp raus
Wenn das Baby brüllt – in den Arm nehmen und ku
scheln! Dann hört es auf! Unglaublich, aber wah
SCHREIEN lassen dagegen führt nachweislich dazu
dass die Kinder als Erwachsene weniger stressresister
sind und versuchen, das Harmoniedefizit zum Beispie
durch hysterisches oder cholerisches Verhalten auszu
gleichen. Bei so manchem Schreihals in den Medie
oder der Politik ahnt man, dass er früher nicht ausre
chend gekuschelt wurde. Denken wir das nächste Ma
dran, wenn wir wieder einen in der Glotze sehen. Vie
leicht haben ihn seine Eltern nicht genug genervt!

SCHLAFLOS IM SATTEL

Einschlafen

So herausfordernd die erste Zeit mit dem Kind auc
ist, Eltern lernen viel über sich selbst, das Wunder de
Lebens und nicht zuletzt Praktisches im Umgang mi
Partner und Kind! Zum Beispiel: sich SCHLAFENI
STELLEN, wenn das Kind nachts schreit, damit de

Partner hingeht und man selber nicht aus dem Bett muss! Die Nächte mit meinem Sohn auf dem Arm, wie ich ihn im Zimmer herumtrage, singend und rhythmisch hoppelnd, damit er einschläft, gehören zu den eindrücklichsten und intensivsten Momenten in meinem Leben! SINGEN gilt ja seit Jahrhunderten als probates Kampfmittel im Umgang mit Soldaten und Kindern. Die Intention ist die gleiche: Der Gegner soll mürbegemacht werden! Nicht von ungefähr stammt ein Kinderlied-Evergreen aus dem Dreißigjährigen Krieg, der Text ist entsprechend rabiat: »Hoppe, hoppe, Reiter! Wenn er fällt, dann schreit er. Fällt er in den Graben, fressen ihn die Raben ...« Das kommt bei Kindern supergut an. Die Kleinen mögen es, wenn andere sich wehtun.

So laufe ich also im dunklen Zimmer auf und ab, den Jungen schräg auf dem Arm, immer wieder nach demselben Muster: sechs Schritte bis zur Tür, sechs Schritte bis zum Bett. Ein erster Erfolg stellt sich bald ein – er jammert nicht mehr, sondern folgt mit großen Augen meinen Mundbewegungen und lauscht dem Gesang. Nach etwa dreißig Minuten atmet er gleichmäßig und schließt die Augen. Ein paar Schritte noch – und dann ab ins Bett. Ein heikler Moment! EINE FALSCHE BEWEGUNG und er wacht wieder auf! Es gelingt! Erleichtert richte ich mich auf, stoße mit dem Kopf gegen den

Baldachin, das Bett wackelt – er brüllt. Also wieder sechs Schritte bis zur Tür, sechs Schritte bis zum Bett ... Der heroische Teil der nächtlichen Odyssee im Kinderzimmer beginnt! Ausdauer, Geduld und Disziplin sind gefragt. Mir ist klar: Das hat BEDEUTUNG und mit dem grauen Alltag nichts zu tun. Ich bin der Jäger auf der Pirsch, der um das Haus schleicht, Feinde abwehrt und jeden straft, der seiner Familie zu nahe kommt! Schneeleopard, Mammut oder Taliban, sollen sie doch kommen – sie kommen nicht durch! Ich bin schließlich zu fünft: VATER, MANN, JÄGER, KRIEGER, HELD!!!

Dann bin ich auf ein Spielzeugauto getreten und ausgerutscht. Diese Autos haben, was ich ungünstig finde, unten so kleine Räder dran. Ich kann mich gerade noch am Windglockenspiel festhalten, das über dem Bett hängt. Man hätte es besser befestigen können. Der Schmerz des Aufpralls spüre ich kaum. Er wird von einem anderen Schmerz überlagert. Eine Röhre des Windspiels fällt herunter und findet meine rechte Augenhöhle. Ich denke: Ja, so verbringe ich Zeit mit der Familie. Mein Sohn genießt die Aktion, er lacht: Der Reiter fällt in den Graben! Wie wir so auf dem Boden liegen, erscheint die Mutter als dunkle Silhouette im Türrahmen: »Ach so ist das! Ihr SPIELT. Ihr solltet doch schlafen!«

Elternzeit

In vielen europäischen Ländern gibt der Staat berufstätigen Eltern die Möglichkeit, eine bezahlte Auszeit zu nehmen. In Deutschland erhalten Väter und Mütter während der 14-monatigen Elternzeit bis zu 67 Prozent ihres Nettogehalts, maximal 1.800 Euro monatlich. Dass sie bei der Beschäftigung mit ihrem Kind auch nur 67 Prozent des Arbeitsaufwands betreiben müssen, den sie in der Firma haben, stellt sich für die meisten jedoch als Irrtum heraus. Nicht von ungefähr wurde der Begriff »Erziehungsurlaub« vor ein paar Jahren abgeschafft. Vermutlich hat irgendwann mal ein Ministerialbeamter – vielleicht sogar im Selbstversuch – gemerkt: DAS IST KEIN URLAUB! Zu Beginn noch mit gutem Willen und lockeren Vorsätzen ausgestattet – wir werden das Kind schon schaukeln –, entdeckt der Elternzeitler jenseits des Erwerbslebens bald eine faszinierende Welt, in der es jede Menge Action, seltsame Dinge wie Kümmelzäpfchen, aber bestimmt keinen Feierabend gibt! Diese Welt ist für viele Väter faszinierend neu. Erfahrene Mütter haben auch einen Namen dafür, sie nennen das REALITÄT.

49 Prozent aller Mütter klagen laut einer Bertelsmann-Studie über Schlafdefizite und 58 Prozent über »zu wenig Zeit für mich selbst«. Bei Vätern, die Elternzeit nehmen, dürften die Werte

noch höher liegen. Und wozu das Ganze? Ich kam ein
mal auf dem Spielplatz mit einem leitenden Angestell
ten einer Softwarefirma ins Gespräch. Wir saßen au
den Schaukelpferden, während sich unsere Kinder mi
Förmchen und Regenwürmern beschäftigten. Er mein
te: »So anstrengend ein Kind auch ist, es gibt einem
unheimlich viel zurück.« Und dabei hielt er eine ge
brauchte Windel in der Hand. Was ein Kind seinen El
tern wirklich gibt, ist schwer zu sagen. Ein kleines Kinc
besitzt zweifellos Charme. Eine eigenartige Faszinatior
geht von ihm aus, vielleicht weil es den Neubeginr
verkörpert, frühlingshaftes Leben. Und die Dinge, fü
die es steht, sind ziemlich groß: Liebe, Weisheit unc
Lautstärke. Dafür machen sich Väter gerne krumm. Sie
gehen ihren Weg: vom Herren der Schöpfung zum Her
ren der Erschöpfung.

Zurück in der Firma hören die Kollegen vom stolzer
Vater oft Aussagen wie: »Die Zeit mit dem Kind wa
schön. Aber es ist auch schön, wieder hier in
der Firma schuften zu dürfen. Ich brauche
diese Ferien jetzt einfach.« Nach wie vor
sind viele Firmen skeptisch, ob sie einem Mitarbeiter einfach so FREIGEBEN
sollten. Traditionell sehen sie nur die Ar-
beitskraft, die der Firma entzogen wird. Das
ist kurzsichtig. Denn Untersuchungen zeigen, dass die
neu erworbenen Kompetenzen im sozialen Bereich lang
fristig auch dem Betrieb nutzen. Eigentlich logisch. Wer

ich Fähigkeiten im Umgang mit einem schreienden, launischen und unberechenbaren Baby angeeignet hat, kommt – wieder zurück im Büro – natürlich auch besser mit dem Chef klar.

Große Fragen der Menschheit: Plastik- oder Stoffwindeln?

Diese Frage beschäftigt Eltern schon seit langer Zeit. Genau gesagt seit 1947. In diesem Jahr kamen die ersten Plastikwindeln auf den Markt: praktisch, einfach zu handhaben und ökologisch gesehen eine Sauerei. Die aktuelle Baby-Windel-Statistik besagt: Pro Kind fallen im Laufe des Windeltragens 4.000 Plastikwindeln an, das sind über 600 Kilogramm (Inhalt mitgerechnet). Bei etwa 700.000 Geburten pro Jahr möchte man sich den Haufen gar nicht vorstellen. In manchen Landkreisen hat man einen Anreiz geschaffen, um Eltern dazu zu bewegen, Stoffwindeln zu benutzen. Dort gibt es einen Mehrwegwindelzuschuss von zwanzig Prozent auf die anfallenden Kosten. Eltern sollten ihren Bürgermeister einfach mal fragen, ob er nicht einen Teil von dem Scheiß übernimmt.

Was die Wahl der Windel anbelangt, sind Eltern oft geteilter Meinung. Mama plädiert meistens für die »natürliche« Stoffwindel, während Papa die leicht zu bedienenden Pampers bevorzugt. Ich selbst stelle eine Ausnahme dar. Ich bin ein entschiedener Befürworter

71

Tipp: Fotos

Eltern wollen nichts verpassen, jeden Moment mit ihrem Kind auskosten und dann ihre Freude mit anderen Menschen teilen. Welchen Einsatz Eltern dabei zu leisten imstande sind, ist für Außenstehende immer wieder erstaunlich, etwa für den Mann im Fotoshop: »Wollen Sie die Bilder von Ihrer Tochter tatsächlich alle ausgedruckt haben?« – »Unbedingt!« – »Alle?« – »Ja, was dachten Sie?« – »Gut, das macht dann 2.859 Euro und 16 Cent.« Die ersten zwei Jahre des Lebens von Mareike-Janine sind besser dokumentiert als das gesamte Leben von Lady Di. Der Unterschied: Das Leben von Mareike-Janine ist viel interessanter. Das zeigen schließlich die Bilder: Mareike-Janine mit Schnuller; Mareike-Janine ohne Schnuller, dafür mit Fläschchen; Mareike-Janine mit Schnuller im Pu-der-Bär-Strampelanzug; Mareike-Janine ohne Schnuller auf dem Töpfchen; Mareike-Janine mit Mützchen und Biene-Maja-Lätzchen und Fläschchen ... Eltern wie die von Mareike-Janine erweisen sich dabei auch als sehr weitsichtig. Denn mit dem Fotomaterial haben sie etwas in der Hand, womit sie später den ersten Freund ihrer Tochter vergraulen können.

von Stoffwindeln. Vorausgesetzt ich muss nicht selbe wickeln. Das Wickeln mit Stoffwindeln ist zeitintensi und erfordert Geschick und Geduld. Ganz abgesehen davon, dass das Zeug gewaschen und gepflegt werden muss. Gleichwohl hatte ich den Ehrgeiz, mir die MEHR-WEGWINDELWICKELTECHNIK anzueignen. Was denken Babys eigentlich in solchen Momenten? »Oh nein, ER schon wieder! Er soll doch Mama wickeln lassen. Was tut er da? Mach bloß richtig zu! Mann, das dauert ... Ich habe doch keine Zeit, ich muss mein Stoffhäschen kraulen.«

In meinem WINDELZEUGNIS steht: »Er hat sich stets bemüht.« Nach einigen Wochen Übung lief es. Und zwar immer am rechten Oberschenkel entlang. Es war für den Jungen sicher unangenehm, so schief gewickelt zu sein. Das Problem ist: Man sieht die »Wickelqualität« immer erst, wenn das nächste Mal gewickelt werden muss. Hierbei kann die Mutter erkennen, WER gewickelt hat. Das kann Vater natürlich als Strategie nutzen: BEGEISTERT WICKELN, sich aber total UNGESCHICKT ANSTELLEN. Das mag zur Folge haben, dass Mann um diese Arbeit herumkommt, weil Frau irgendwann resigniert und diese anspruchsvolle Tätigkeit gänzlich selbst übernimmt. Die Taktik ist allerdings riskant, wie ein Blick zu »twittermoms.com« zeigt: Auf die Frage von Homemom3: »How many dads don't change diapers?« antwortet Cat-3KidsandUs prompt: »We'd be divorced VERY quickly if he didn't.«

 **Eltern**   **Deutsch**

»Unser Kind schläft durch!«

Wie die uns anschauen! Es ist einfach der KILLER-SPRUCH gegenüber anderen Eltern!

»Sie haben nachts ein Baby schreien gehört? Bei uns? Es war die Katze. Definitiv die Katze!«

Wir haben keine Katze, aber das schert doch keinen Hund.

»Wir haben keine Katze? Sie waren schon mal bei uns? Dann war es der Goldfisch. Definitiv der Goldfisch.«

Ganz wasserdicht ist unser Alibi nicht.

Mutter   **Deutsch**

»Klar kümmere ich mich mehr um das Kind als er.«

Ich denke, er glaubt, es wäre umgekehrt.

Vater   **Deutsch**

»Klar kümmere ich mich mehr um das Kind als sie.«

Ich denke, sie glaubt, es wäre umgekehrt.

Kleinkind-
Eltern

WIR KÖNNEN SCHON LAUFEN!

Grundlagen: Gehen und Sprechen

Wer selbst keine Kinder hat, kann meistens nicht so recht nachvollziehen, warum sich Eltern dermaßen freuen, wenn ihre Jüngsten die ersten Schritte machen oder die ersten Worte von sich geben. Aber die Freude ist berechtigt – zumal sie oft nicht lange währt. Ein paar Jahre später verlernen die Jugendlichen das Gehen und Sprechen ja schon wieder beim Flatrate-Saufen.

»Schau mal! Wie putzig! Er geht! Nein, so was.«, »Ach, er läuft! Super! Toll! Süß!« lauten in etwa die engagierten Äußerungen der Erziehungsberechtigten. Außenstehende denken: »Ein kleiner Schritt für die Menschheit, aber offenbar ein großer Schritt für Familie Hellmann. Was soll das Geschrei?« Doch weiß ich aus eigener Erfahrung: Es ist ein großartiges Erlebnis, wenn sich dein Kind aufrichtet und gehen lernt, ein erhebendes Gefühl sozusagen! Warum? Weil es das eigene Kind ist, klar. Aber vielleicht auch, weil das Kind in diesem Moment einen wichtigen Schritt der Erdgeschichte nachvollzieht, den aufrechten Gang, der den Menschen unterscheidet vom, sagen wir, Lurch.

Manche Eltern haben allerdings Angst, ihr Kind könnte im Lurchstadium verharren. Sie werden unruhig, wenn sich das Kind nicht »normal« zu entwickeln scheint, wenn etwas nicht so LÄUFT, zum Beispiel wenn das Kind nicht läuft. Oder nicht SPRICHT. Oder nicht richtig ISST. Oder irgendwie sonst »nicht richtig« ist. Dann wird »lieber zu früh als zu spät« der Doktor konsultiert. Der kann ein angstbesetztes Thema aufgrund seiner fachlichen Qualifikation meistens versachlichen: »Machen Sie sich da mal keine Sorgen. Fahrradfahren ohne Stützräder lernt er schon noch. Stillen Sie doch erst mal in Ruhe ab!«

Tipp: Entwicklung ist individuell

Kinder lernen das Laufen etwa im Alter von zwölf bis 18 Monaten. Darauf folgen früher oder später die ersten Worte. Wenn ein paar Altersgenossen eher sprechen lernen als der eigene Junior, muss das nicht bedeuten, dass er später mal die »SUPERillu« abonniert. Die Zukunft ist deswegen noch lange nicht verbaut. Manche lernen das Reden bekanntlich gar nicht und werden trotzdem Parteivorsitzender. Üben Sie keinen Druck auf Ihr Kind aus! Das wirkt kontraproduktiv. Forciert man etwa das Stehen und Laufen beim Kind, kann es zu lebenslangen Trotzreaktionen kommen. Diese Sorte Mensch LIEGT später lieber – den Eltern auf der Tasche.

GESUNDE ENTWICKLUNG: IST MEIN KIND NORMAL?

Die Sorge, das Kind könnte sich nicht richtig entwickeln treibt Eltern ständig um, auch wenn das Kind die »Basisqualifikationen« schon erworben hat. Zumal Krankheiten im Umlauf sind, denen schwer beizukommen ist etwa das Aufmerksamkeitsdefizit-Syndrom. Das liegt vor, wenn das Verhalten zu hektisch, zu aktiv ist, wenn »zu viel gemacht« wird. Diese Störung ist inzwischen weit verbreitet – und zwar nicht nur bei Eltern! Wehe das Kind zeigt entsprechende Symptome: »Hilfe, mein Kind ist hyperaktiv!« ... »Wie wir darauf kommen? Es muss auf dem Spielplatz immer auf die Wippe und dann wippen! Ja, nicht nur rauf, sondern auch runter!«
Da ist man heute schnell mit Tabletten zur Hand. Jetzt muss man differenzieren: Tabletten haben sich in vielen Fällen als sinnvoll erwiesen für den Apotheker in der Abrechnung. Sie sind aber kein Allheilmittel. Chemische oder psychologische Maßnahmen sollten nur eingesetzt werden, wenn das Kind nicht nur wippt, sondern auch rutscht. Und danach auf die Schaukel geht, um anschließend Karussell zu fahren. DANN sollten sich die Eltern überlegen, ob eine Psychotherapie sinnvoll ist. Während der Therapiestunden kann das Kind ja zur Oma. Die unqualifizierten Bemerkungen der Oma muss man hinterher eben in Kauf nehmen: »Das Kind tobt halt. Als du klein warst, hast du auch getobt. Eine warme Suppe tut ihm gut.«

Es läuft, es spricht, es schläft durch!
Ist mein Kind noch normal?
KUMPE

Gleichstellung

Es ist aber auch ein Kreuz mit der Erziehung! Selbst eine scheinbar »normale« Entwicklung kann auf tief liegende Probleme hinweisen. Eine Freundin von mir ist zum Beispiel entsetzt, weil ihr Kind mit PUPPEN spielt. Hätte sie einen Jungen, wäre das für sie in Ordnung. Aber sie hat ein Mädchen! »Das ist doch echt nicht normal! Puppen! Was kommt als Nächstes? Will sie demnächst KOCHEN?« Der Mutter ist das sogenannte GENDER MAINSTREAMING ein Anliegen. Das heißt, sie möchte ihr Kind unabhängig von tradierten Geschlechter-rollen erziehen. Dementsprechend hat sie ihrer Tochter jetzt ein, wie sie meint, »typisches Jungsspielzeug« geschenkt: einen großen Spielzeugpanzer.

Allerdings mit zweifelhaftem Erfolg. Denn die Tochter zieht dem Panzer immer eine Wollmütze auf, »damit er nicht friert«. Die Freundin möchte nun einen Koch-kurs machen, um ihre Tochter besser zu verstehen.

Infanten – Intriganten

Sie sind der Meinung, Gabrielle und Bree aus »Desperate Housewives« wären hinterhältig und mani-pulativ? Dann haben Sie noch keine Kinder. Kleinkinder sind so supersüß! Und so charmant. Und so zerbrech-lich. Und so raffiniert. Kleinkinder wissen genau, wie gut sie bei Erwachsenen ankommen. Deswegen spielen sie auch so gerne – mit den Eltern. Eltern sind dabei im Glauben an ihre Überlegenheit ihren Kindern meistens hoffnungslos unterlegen. Fataler Fehler: den Gegner zu unterschätzen.

Sagt Mama: »Nein, es gibt keine Cola, Cola ist nichts für Kinder!«, dann ist vielleicht Ende der Diskussion mit Mama. Wenn das Kind daraufhin jedoch den anderen Elternteil mit großen BABYROBBENAUGEN anschaut und »Papa?« säuselt, gerät das Machtgefüge schnell ins Wanken. Ist das nicht doch sehr hartherzig, der entzückenden Tochter einen Wunsch zu verwehren? Der Vater spendet für das »Kinderhilfswerk«, »Greenpeace« und den »WWF«, aber seinem eigenen Kind gegenüber benimmt er sich wie der Unhold vom Dienst? Man tötet schließlich keine Robben! Aber er ist pädagogisch geschult. Eltern müssen eine Einheit gegenüber dem Kind bilden. Niemals würde er deshalb der Mutter widersprechen! Solange sie im selben Raum ist.

Und wenn das Kind in der Küche anschließend nicht nur Cola (»Aber nur ein Glas!«), sondern auch Kaugummi fordert, obwohl es den immer verschluckt, möchte selbst der Vater Grenzen setzen. ZU SPÄT! Das Kind schickt sich an, zu Mama zu rennen, um Papas moralische Integrität zu thematisieren: »Papa gibt mir Cola!« Um das zu verhindern, sieht der

Vater nur einen Ausweg: Kapitulation! Er muss einknicken. Er muss SCHWEIGEGELD zahlen. Er muss einen Kaugummi rausrücken und dabei die kläglichen Worte aussprechen: »Aber nur einen!« So gerät er immer tiefer in einen Strudel aus Lügen und Heimlichkeiten, verstrickt sich in Widersprüche und gerät in die Abwärtsspirale des erzieherischen Versagens. Denn natürlich kommt Mutter dahinter: »Was hast du da im Mund?« Und prompt sind Hausmänner und Hausfrauen ziemlich verzweifelt!

👄 **Klassiker:**
beliebte Befehle und Vorwürfe 👄

»Lass das!«

»So was sagt man nicht!«

»Komm du mal in mein Alter!«
(Gerne auch gegenüber Säuglingen)

»Ach Janne, jetzt sei doch wieder lieb!«

»Nicht in diesem Ton!«

»Haben, haben, haben! Du willst immer nur haben!«

»Geh da weg!«

»Pfui, das ist baba!«

»Nicht vor dem Essen!«

Vom Örtchen zum Wörtchen

Hat das Kind sprechen gelernt, nennt es sich selbst zunächst beim Vornamen: »Max pielen!«, »Moni esst!«, »Erik hat putt macht«. Die Eltern, stets bereit, auf die Bedürfnisse des Kindes einzugehen, sind dann in der Regel mit dem ICH auch nicht mehr per DU und machen ebenfalls in der dritten Person von sich reden: »Die Mama ist jetzt aber traurig.«

Mit circa zwei bis zweieinhalb Jahren geht das Kind schließlich einen wichtigen Schritt in Richtung Selbstbewusstsein – es beginnt, ICH zu sagen. Das äußert sich unter anderem darin, dass es noch mehr Sachen zerstört als vorher. Einen weiteren Entwicklungsschritt hat das Kind getan, wenn es lernt MEIN und DEIN zu unterscheiden und beispielsweise anfängt zu heulen, wenn ihm jemand den Bagger wegnimmt. In dieser Phase kann es schon mal passieren, dass der Junior, um die Besitzverhältnisse zu klären, dem Spielkameraden seine Schaufel über die Rübe zieht.

Unerfahrene Eltern finden solche Vorgänge manchmal dramatisch unsozial. Dabei spielen Haben oder Nichthaben für viele Eltern auch eine große Rolle. Welchem Elternteil das Kind »gehört«, entscheidet im Trennungsfall der Richter. Im Alltag hängt es ganz davon ab, was es gerade angestellt hat: Läuft es gut, wendet die Mutter stolz das Possessivpronomen in der ersten Person Singular an und verkündet: »MEINE Tochter kann schon essen, ohne zu kleckern, nicht wahr, Felizitas?« Eine Feststellung, die aus Sicht der Mutter absolut verständlich ist. Denn essen, ohne zu kleckern? Das kann sie einfach nicht vom Vater haben. Hat das Kind jedoch Mist gebaut, heißt es schnell an die Adresse des männlichen Elternteils gerichtet: »DEINE Tochter hat heute wieder Blätter vom Ficus abgerissen!« Da kann er nur antworten: »Der Papa ist jetzt aber traurig!«

In harmonischen Verhältnissen lebende Eltern verwenden häufig das Wörtchen WIR und beziehen das auf sämtliche Familienmitglieder. Die Identifikation mit dem Kind geht so weit, dass sie, ähnlich wie die Buddhisten ihr Selbst im »ewigen Nichts«, ihr ICH im seligen Familienleben auflösen – sozusagen im WIRwana. »WIR können schon reden!« heißt es oder »WIR gehen schon aufs Töpfchen!«. Was natürlich auch mal eine ganz schöne Mitteilung für Freunde und Nachbarn ist: Gut zu wissen – alle Hellmanns sind trocken! Es muss allerdings damit gerechnet werden, dass das Kind diese Form für sich zu nutzen weiß und im Ernstfall Verantwortung delegiert: »Mama? Papa? WIR haben Vase putt macht!« Da bleibt den Erzeugern höchstens noch zu sagen: »Jetzt sind wir aber traurig!«

ELTERN IN DER TROTZPHASE

Zurückgebliebene Eltern

Viele Eltern sind mit dem Lauf der Dinge nicht einverstanden: Kinder sind okay, aber warum müssen sie unbedingt älter werden und WACHSEN? »Clara ist bockig, sie will plötzlich gar nicht mehr kuscheln«, heißt es dann. »Früher war sie anschmiegsamer und anhänglicher und hat Nähe zugelassen. Vor allem in den Monaten vor der Geburt!« Eltern wie diese sehen nicht ein, warum sie dem Wachstum ihrer Kinder einfach freien Lauf lassen sollten, und tragen ihre Jüngsten gerne noch – oder fahren sie im Kinderwagen, obwohl sie durchaus schon alleine mit dem Bus zur Schule fahren könnten, zumal sie inzwischen einen Führerschein besitzen.

Auch in ihrer Sprachentwicklung hängen regressive Eltern hinterher, was nur durch Nachhilfestunden ausgeglichen werden kann: »Papa, es heißt nicht ›Tiss‹, sondern ›Tisch‹!« – »Danke Josefine, dass du mich darauf aufmerksam machst! Und jetzt huschi ins Betti!« Zurückgebliebene Eltern wollen mit diesem Verhalten natürlich ein Stück ihrer eigenen Kindheit aufleben lassen. Sicheres Zeichen: Sie bezeichnen sich gegenseitig als »Mutti« bzw. »Vati« und spielen im Alltag konsequent das beliebte »Vater-Mutter-Kind«-Spiel. Dabei übernimmt »Vati« meistens bereitwillig die Kindrolle, während Mutti ihm den Mund abwischt: »Du hast da was!«

✪ Das Kind sagt Schmutzwörter – Reaktion der Eltern ✪

Progressiv: Wir wollen uns in ihre anale Phase nicht einmischen.

✳ ✳ ✳

Liberal: Wir sind sicher – das gibt sich.

✳ ✳ ✳

Konservativ: Das hat sie bestimmt wieder aus dem scheiß Kinderladen!

✳ ✳ ✳

Beliebte Erziehungsmethode

Es gibt Eltern – oft progressive –, die keinen Unterschied machen möchten zwischen einem Zweijährigen und einem 18-Jährigen. Sie stellen den Kleinkindern Fragen, deren angemessene Beantwortung Lebenserfahrung, Vernunft und Bildung voraussetzt. (Zugegeben, das kann man heute auch von einem 18-Jährigen nicht unbedingt erwarten.) Sie fragen zum Beispiel »Manuel, möchtest du ins Bett gehen?« und zeigen sich erstaunt, wenn Manuel **nichts dergleichen tut**, sondern stattdessen weiter rumtobt.

Manuel hat zwei herausragende Fähigkeiten: Er kann toben und schreien, und zwar gleichzeitig! Das macht

...r wirklich ganz ausgezeichnet. Eine weitere große Stärke von ihm: sabbern – völlig normal und altersgemäß. Aber seine Eltern erwarten von ihm offenbar noch mehr, nämlich dass er so etwas sagt wie: »Eigentlich bin ich noch nicht müde, aber es ist acht Uhr und ich sollte ins Bett gehen, denn das entspricht meinem Biorhythmus. Schließlich muss ich auf meinen Serotoninhaushalt achten – wo ist eigentlich mein Kuschelhäschen?« Natürlich sagt Manuel: »Nein!« Kein Kleinkind will ins Bett! Kein Kind ist jemals müde gewesen. Das gibt es nicht. Nirgends auf der Welt. Niemals! Sie wollen so lange auf sein wie die Erwachsenen! Man kann nachts um zwei Uhr ein Kleinkind in seinem Himmelbett wecken und fragen, ob es sich hinlegen möchte. Es wird »Nein!« sagen.

Das hindert Manuels Eltern allerdings nicht daran, erstaunt und empört zu sein. Manuel ist ungezogen und will nicht ins Bett! Aber haben sie gesagt, dass er ins Bett soll? Nein, sie haben eben GEFRAGT! Und eine Frage ist eine Frage ist eine Frage! Auf eine Frage kann man mit Ja oder Nein antworten. Das weiß doch jedes Kind! Das Problem: Die Eltern WOLLEN, dass der kleine Manuel ins Bett geht, stehen aber mit dem Imperativ auf Kriegsfuß. Gerade Alleinerziehende sehen in einem Kind oft schon eine mündige Person, da erscheint ihnen ein Befehl wie »Du gehst jetzt ins

Bett!« einfach unhöflich. Schließlich will man es sich ja mit seinem Lebenspartner nicht verderben – man hat doch sonst niemanden zum Reden.

Die typischen Elternfragen

»Möchtest du ein Eis?«

»Möchtest du ins Bett gehen?«

»Was möchtest du anziehen?«

»Willst du fernsehen?«

»Möchtest du ruhig sein?«

»Willst du aufhören zu toben?«

»Möchtest du zum Kinderpsychiater?« ... »Doch, musst du! Ist eine Auflage vom Jugendamt!«

Frühförderung Kind 2.0

Im Wald toben? Auf den Spielplatz gehen? Durch die Straßen ziehen? Klingelstreiche machen? Einfach so? Nicht mit modernen, engagierten Eltern! Diese Eltern haben verstanden, dass die ersten Lebensjahre ENT-SCHEIDEND sind für die weitere positive Entwicklung des Juniors. »Psycho-Neuro-Pädagogen« haben das herausgefunden! Also heißt es, streng – gleichzeitig aber natürlich »spielerisch und mit Spaß an der Sache« –, ein Lernprogramm zu vermitteln. Dabei gilt nicht wie früher: Was Hänschen nicht lernt, lernt Hans nimmermehr. Nein, Hänschen soll heute von Beginn an Hans sein! Hansdampf in allen Gassen, Hans 2.0! Und das bedeutet: Frühinformatik, Frühyoga, Frühenglisch, Frühchinesisch, Frühlatein. Frühstück? Nicht unbedingt. Dafür ist eigentlich keine Zeit. Mit sechs Jahren kann schon alles zu spät sein! Es soll Väter geben, die so engagiert sind in der Früherziehung, dass sie noch vor der Zeugung ihre Hoden mit Sprachkassetten beschallen. (Komplikationen sind nicht ausgeschlossen. Es kann natürlich passieren, dass beim Zeugungsprozess ein Dolmetscher gebraucht wird, weil die Eizelle logischerweise nur die Muttersprache beherrscht.)

Eine Reihe bedeutender Pädagogen ist zwar der Auffassung, die Frühförderung würde gar nichts bringen, da Kinder Neues nur lernen, wenn sie dazu bereit sind. Doch das erscheint einigen Eltern als KINDERKRAM. Wenn schon unbedingt gespielt werden muss, dann GEZIELT, zum Beispiel mit einer **Übung zur Schulung der Gliedmaßen-Koordination mit dem Ziel optimaler Zeitverkürzung in einer Konkurrenzsituation unter bewusster Einschränkung der unteren Extremitäten**. Gut, früher hieß das einfach: Sackhüpfen. Aber das war wissenschaftlich überhaupt nicht fundiert! Lediglich Jux und Tollerei! Kommen die Kinder heute beim Sackhüpfen am Ziel an, werden die Lactatwerte gemessen und die Gehirnströme gecheckt!

Erkenntnisse der Gehirnforschung spielen übrigens eine große Rolle in der Erziehung moderner, engagierter Eltern. Hat die Mutter einst altbacken gemahnt: »Keine Kekse vor dem Essen!«, heißt es in unserer Zeit präzise: »Tallulah! Zucker ist nicht gut für die Entwicklung deines präfrontalen Kortex!«

Immer öfter schicken besorgte Eltern ihre Kleinkinder auch in professionelle frühpädagogische Einrichtungen, wie beispielsweise zu FasTracKids, wo sie an eine Art Lernmaschine angeschlossen werden.

Laut Kursprogramm werden bei FasTracKids »verschiedene Lehrmethoden mit neuester interaktiver Technologie optimal kombiniert, um die Schlüsselfähigkeiten wie Kommunikation, Kreativität, kritisches Denken und Teamarbeit zu fördern«.[3] Vor allem die Notwendigkeit der Förderung des »kritischen Denkens« bei Zweijährigen erscheint einleuchtend. Man kann gar nicht früh genug den Querdenker im Kind wecken und es dazu anregen, Eltern zu widersprechen, etwa mit: »NEIN, ICH WILL NICHT INS BETT!«

Tipp: Was Kinder und Eltern wirklich brauchen

Was brauchen Kinder wirklich für die Entwicklung ihrer Sinne und ihrer Person in den ersten Lebensjahren? Fachleute sind der Auffassung: Kinder brauchen Sendungen von SRTL! Diese Abkürzung bedeutet: Spielen, Reden, Trösten, Lächeln. Und was benötigen Eltern? Spielen, Reden, Trösten, Lächeln. Ab und zu vielleicht ein Pils – oder ein paar neue Schuhe mit roten Sohlen.

Übereltern: Megamama und Protzpapa

Eltern, die sich nächtelang den Kopf darüber zerbrechen, wie sie ihr kleines Kind am besten erziehen, sind manchmal frustriert, wenn sich nicht ALLES wie gewünscht entwickelt. Erschwerend kommt oft dazu, dass sie auf dem Spielplatz unter Garantie irgendwann den Supereltern begegnen, bei denen ALLES, aber wirklich

ALLES GLATTLÄUFT! Zumindest laut Selbstauskunft: »Mein Kind schreit nicht!«, »Mein Kind schläft durch!«, »Wir können schon alleine Suppe essen!«. Meistens stellt sich allerdings bei genauerem Hinsehen heraus, dass diese Übereltern auch nur mit Wasser kochen – nicht nur die Suppe. Heißt es forsch »Emanuel-Jacques beschäftigt sich schon mit Astrophysik«, reicht oft ein Hausbesuch, um festzustellen, dass die Mutter abends lediglich »Weißt du, wie viel Sternlein stehen?« singt.

Lifestyle-Parenting

Was steckt dahinter? Für einige Eltern gilt heute: KINDER MACHEN LEUTE. Mit dem Nachwuchs zeigen sie, was sie haben und was sie sich leisten können: Mein Haus, mein Auto, meine Windeltonne lautet die Devise für Erwachsene, die in den Nachwuchs investieren. Statt »Ich mache jetzt in Kupfer, der Halbleitermarkt ist wieder im Kommen« teilt der Protzpapa mit: »2.000 Zellen täglich – das Kind ist ein WACHSTUMSMARKT, sage ich Ihnen!« Und die klassenbewusste Mami wird ihr Kind nicht einfach schnöde necken. Statt »Duzi! Duzi!« sagt sie »Gucci! Gucci!«

Sehr gut kommt natürlich auch: KIND IM AUTO. Zwei Status-symbole auf einmal! Nicht selten werden diese Statussymbole geschickt kombiniert, etwa durch einen Aufkleber wie »Janine on tour«. Leute ohne Kinder – und ich glaube auch viele Eltern – fragen sich, welchen konkreten Zweck solche Aufkleber eigentlich erfüllen sollen. Das kann ich Ihnen genau sagen: Ich weiß es nicht. Einige Eltern sind der Auffassung, dass ein Aufkleber die Sicherheit im Straßenverkehr erhöht. Tatsächlich? Sagt sich ein Verkehrsrowdy: »Oh, da ist ja ›Julian an Bord‹. Da fahre ich denen mal lieber nicht hinten rein.« Gibt es vor Gericht tatsächlich entlastende Aussagen wie »Sorry, habe gar nicht gesehen, dass Melanie mitfährt. Normalerweise nehme ich nur Kinderlosen die Vorfahrt.«?! Und: Sollte man sich tatsächlich gegenüber Eltern mit Kindern im Straßenverkehr rücksichtsvoller verhalten als gegenüber, sagen wir, Schäferhundzüchtern oder Beachvolleyballspielern? Wo bleibt dann das Pendant? Ein Aufkleber etwa mit folgender Aussage: »Oma an Bord. Fahren Sie mir bitte rechts rein! Bin Alleinerbe!«

Familie Hellmann und die Trotzphase

Die Nachbarn, die vor Kurzem erst eingezogen sind, denken: Montieren die einen Schrank? Stellen die ein Regal auf? Was fällt den Hellmanns ein, am Sonntag mit dem Schlagbohrer zu arbeiten? Oder ist das eine Kreissäge? Das schrille Geräusch raubt ihnen den Mittagsschlaf. Sie ahnen nicht, dass die Hellmanns selber gerne Ruhe hätten, aber nicht wissen, wie sie dieses Gerät abstellen können. Wo war der Knopf noch mal? Wie stellt man ein dreijähriges Kind ab? Leila ist mit ihren jungen Jahren bereits ein prima Persönchen und weiß schon ganz genau, was sie nicht will: Sie will diese Schuhe nicht anziehen! Diese stapfigen, klobigen, schweren Winterschuhe möchte sie nicht anziehen! Die sind nicht nur doof zu tragen, die sehen auch nicht aus! Was sollen denn die Nachbarn denken?

»Leila«, versucht die Mutter die kleine stilbewusste Dame zu überzeugen, »wenn du in den leichten Sommerschuhen rausgehst, dann werden die Füße nass und dann erkältest du dich! Außerdem sind sie dir schon viel zu klein.« Leila hat dagegen aber ein gutes Argument parat: »Uäääääääh!« Ines denkt insgeheim: »Oh je, Leila ist ja wie ich. Ich trage auch oft Schuhe, die mir nicht passen, aber gut aussehen.« Das würde sie Peter gegenüber natürlich niemals erwähnen. Peter meint: »Deine Tochter ist wie du. Du ziehst auch oft Schuhe an, die dir nicht passen, aber gut aussehen.« Eltern wissen ganz genau, dass sie gute Vorbilder sein müssen. Um es genau zu sagen: Der Vater weiß, dass die Mutter ein gutes Vorbild abgeben muss, und die Mutter weiß, dass der Vater ein gutes Vorbild zu sein hat.

Leila versucht inzwischen, den linken Fuß in einen der Sommerschuhe zu zwängen, ohne den Klettverschluss zu öffnen. So kommt sie jedoch nicht richtig rein, was sie noch wütender werden lässt. Sie klingt jetzt nicht mehr wie ein Bosch-Bohrer, sondern wie ein kreischender Heavy-Metal-Sänger. »Schau mal, der Papa hat auch dicke Schuhe an«, versucht Ines ihre Tochter zu übertönen. »Frieren ist nicht so toll, weißt du«, ergänzt der Papa, »das tut weh, da schlottert man!« Doch Peter ist inzwischen klar, dass hier nur drastische Maßnahmen helfen. Ein Bild sagt mehr als tausend Worte, denkt er und beschließt Leila durch ein kleines Schauspiel zu überzeugen. Er zieht sich die Schuhe aus, er zieht sich das Hemd aus und rennt vor die Tür auf die Straße. Die Nachbarn sehen durchs Fenster: Herrn Dr. P. Hellmann, 37 Jahre alt, von Beruf Fachanwalt für Verwaltungsrecht, barfuß und mit freiem Oberkörper im dreckigen Schnee eine Art Wintertanz aufführen und dabei rufen: »Siehst du? Uah, kalt, kalt! Brrr, ich zittere! Schlotter, schlotter!« Der Nachbar meint zu seiner Frau: »Jetzt dreht er durch. Ich kann ihn verstehen. Diese IKEA-Regale können einen wahnsinnig machen!« Sie antwortet: »Was wählt man eigentlich in so einem Fall? 112 oder 110?«, worauf er erwidert: »Ist doch egal, hörst du? Die bohren nicht mehr.«

Vater

Deutsch

»Tut mir leid, dass mein Sohn beim Spielen ihren Außenspiegel demoliert hat!

Ich war es, aber wozu hat man denn Kinder?

 Mutter

Deutsch

»Toll, wie schön du Blockflöte spielst!«

Es klingt grauenvoll, aber im Ratgeber steht, dass Eltern ihr Kind täglich mehrmals loben sollen.

»Möchtest du nicht mal mit dem Legobagger spielen?«

Wenn du die Blockflöte nicht sofort weglegst, sehe ich mich gezwungen, das Gewalttabu in der Erziehung infrage zu stellen.

 Vater

Deutsch

»Willst du nicht mal wieder Blockflöte spielen?«

Bei dem Streit mit deiner Mutter hätte ich gerne etwas Unterstützung.

Schulkind-
Eltern

GANZ SCHÖN FESTE BEZUGSPERSONEN

Eltern außer Rand und Band!

Ich kann mich noch gut erinnern, welche Gedanke mich nach der Einschulung meines Sohnes verfolgt haben. Wie viele Eltern habe ich immer gesagt: »Ma spricht nicht mit FREMDEN!« Und plötzlich sollen LEHRER mein Kind erziehen? Wie soll das gehen? Niemand kann das besser als ich! Ich glaube, ich bin da kein Einzelfall. Vielen Eltern fällt es schwer, diesen Prozess der ABNABELUNG zu akzeptieren. Sie kommen nicht klar mit der Tatsache, dass sich die Kinder während der Schulzeit der elterlichen Fürsorge und Beobachtung entziehen. Ein klassischer Dialog zwischen Mutter und Kind geht dann auch so:

»Ich würde ja furchtbar gerne mal MÄUSCHEN spielen bei euch im Unterricht!«
»Mama, bitte nicht schon wieder!«
»Ich war doch gar nicht da!«
»Letzte Woche!«
»I wo!«
»Doch Mama, du hast dich verkleidet, bist in der Klasse rumgekrochen und hast gerufen: ›Ich bin nur ein Radiergummi‹.«

auch wenn nicht alle Eltern so ein großes Nähebedürfnis verspüren – der neudeutsche Fachbegriff dafür
lautet **Parental Stalking** –, so wollen sie ihren
jüngsten doch möglichst viel mit auf den
Weg geben: »Hast du auch deine Bücher
dabei? Hast du an das Federmäppchen gedacht? Und vergiss nicht deinen Omega-elf-
Protein-Karotin-Magnesium-Energydrink zu dir zu nehmen!« An der Haustür spielen sich ergreifende Szenen
ab: »Mach's gut! Und pass auf dich auf! Lass dich nicht
von Fremden ansprechen. Nimm den Helm mit! Und
setz ihn nicht wieder ab im Unterricht!«
Wenn die Kinder zur Schule gehen, werden sie von ihren
Eltern verabschiedet, als würden sie auf eine Weltreise
geschickt, von der sie NIE wieder zurückkommen. Das
Herzschmerz-Level ist ungefähr auf dem Niveau von
»Vom Winde verweht«, »Dirty Dancing« und »Titanic«.
Plus »Spiel mir das Lied vom Tod«!

»Zieht euch warm an, die Kälte greift den Darm an!« (Eltern-Humor)

Denn Eltern rechnen immer mit dem Schlimmsten!
Geht das Kind beispielsweise im Winter ohne ange-
messene Kleidung aus dem Haus, heißt es gleich:
»Nimm den Schal mit! Du holst dir sonst den TOD!«
Darunter machen sie's nicht. Man holt sich den Tod –
mindestens! Wenn nicht noch schlimmer! Einige Schul-

kinder müssen sich so dick anziehen, als würden sie au[f] eine Himalaja-Expedition gehen – mit anschließende[r] Durchquerung der Antarktis. Viele Kinder »vergessen[«] bekanntlich ihre Schulsachen. Ich glaube, das hat of[t] einfach nur praktische Gründe: Im Schulranzen ist fü[r] Deutsch- und Mathebücher einfach kein Platz meh[r] neben den ganzen Karabinerhaken und Eispickeln.

Wenn Eltern nicht mit dem Schlimmsten rechnen, son[-]dern mit dem Allerschlimmsten, warnen sie: »Du kanns[t] dir ja SONST WAS holen!« Sonst was! Die tragische[n] Folgen sind bekannt. Wir alle kennen Kinder, die nich[t] auf ihre Mütter gehört haben: Sie lungern auf der Stra[-]ße herum, ihre Gliedmaßen sind merkwürdig verformt[,] sie haben riesige Ohren und eine schlumpfblaue Haut[.] Und wenn man eines dieser Kinder fragt: »Was ist den[n] mit dir los?«, dann antwortet es: »Ich habe mir SONS[T] WAS geholt.« Um solche scheußlichen Krankheiten z[u] vermeiden, beugen Eltern vor.

Es kommt zu legendären Auftritten, etwa wenn Mutti i[n] der Pause den Schulhof mit den Worten betritt: »D[u]

hast deine Mütze vergessen, Lieb[-]ling!« Da hilft es auch nicht, wen[n] der kleine Schatz antwortet: »Nein[,] ich habe doch eine dabei!« – »Dop[-]pelt hält besser.«, sagt die energi[-]sche Mutter dann, oder sie be[-]merkt HUMORVOLL: »Ich weiß[,] du Schlafmütze!« Solch elterliche[s]

Eltern-Phrasen-Klassiker

»Räum dein Zimmer auf!«

»Was sollen denn die Nachbarn denken?«

»Wie du wieder rumläufst!«

»Trau, schau, wem!«

»Bist du noch zu retten?!«

»Mit dem T-Shirt gehst du mir nicht aus dem Haus!«

»Wir meinen es doch nur gut!«

»Was soll nur aus dir werden?«

»Als ich in deinem Alter war, hatte ich längst ....«

»Es wird gegessen, was auf den Tisch kommt!«

»Solange du deine Füße unter unseren Tisch stellst, wird gemacht, was wir sagen!«

Engagement kommt auch bei den Schulkameraden gut an und stellt sicher, dass der Sohn innerhalb der Klassengemeinschaft auf absehbare Zeit eine besondere Stellung einnimmt.

Progressive Eltern allerdings lassen dem Willen des Kindes manchmal auch in Sachen Anziehsachen freien Lauf. »Spiegel online« berichtete vor Kurzem von einem solchen Fall. Eine Mutter fuhr im Winter mit dem Fahrrad durch eine deutsche Großstadt, auf dem Kindersitz hinter ihr die Tochter – nackt. Auf die Frage der Polizei warum sie das dem Kind denn zumuten würde, bemerkte die Frau, das Kind hätte keine Lust gehabt, sich anzuziehen, und sie könne schließlich die »Persönlichkeitsrechte des Kindes« nicht verletzen. Ob die Mutter um die Persönlichkeitsrechte des Kindes zu wahren ihre Tochter auch siezt, ist nicht bekannt.

Was lernen wir daraus? Angemessene Erziehung spielt sich irgendwo zwischen den Extremen Vernachlässigung und Nötigung ab. Eltern wandeln dabei auf einem schmalen Grat: Rechts und links geht es steil bergab. Auf der einen Seite lauert der Tod und auf der anderen sonst was!

WENN der Vater mit dem Sohne

Warum nimmt denn der pädagogisch versierte Vater dem Neunjährigen die Playstation weg? Nicht, weil er ihn schikanieren will! Nein, weil er selber damit spielen möchte! Er versucht energisch, den HIGHSCORE des Sohnes zu knacken. Ein hoffnungsloses Unterfangen! Eher besiegt Schneeweiß Bethlehem den FC Barcelona. Doch der Ehrgeiz des Vaters blendet das aus, schließlich ist er VATER und das muss reichen als Gütesiegel. Wird er beim GAMEN ertappt, dann erlebt der Junior, dass der Vater tatsächlich unschlagbar ist. Zumindest im Reden. Vor allem bei den Ausreden. Top Ten! Erster der Weltrangliste: Roger Rederer. »Ich mache das nur, weil ich sehen will, womit sich die Jugend heute so beschäftigt! Und weil ich damit gegen die zunehmende Armut in Europa protestieren will! Viele Menschen leiden unter Armut, unter Bewegungsarmut! Deswegen mache ich jetzt Sport!« Das naive Argument, er würde offensichtlich nur als Daddel-Daddy dasitzen und an der Spielkonsole rumfingern, klickt er mit den Worten weg: »Ich mache ein Aufbauprogramm. Ich fange erst einmal mit dem Daumen an. Nächste Woche werde ich den Zeigefinger stärker mit einbeziehen!«

Vielleicht kommt der Junior nun auf die Idee, so etwas zu sagen wie: »Okay, dann trainiere ich jetzt meinen Mittelfinger!« Dann muss er aber damit rechnen, dass Vater sich in Rage redet und aus dem reichen Fundus traditioneller väterlicher Geschichten schöpft, die sich in etwa so anhören:

»ZU MEINER ZEIT hatten wir noch gar keine Computerspiele, keinen Joystick, wir hatten ja nicht mal Daumen dafür! Und aus mir ist auch ETWAS GEWORDEN!
Wir mussten überhaupt mit VIEL WENIGER auskommen! Meine Tante hat mir zu meinem neunten Geburtstag **einen** LEGOSTEIN geschenkt!
Und zu meinem zehnten Geburtstag bekam ich dann einen **zweiten** LEGOSTEIN! UND ICH WAR GLÜCKLICH DAMIT!
Den **dritten** LEGOSTEIN habe ich mir von meinem ersten eigenen Geld gekauft. In deinem Alter hatte ich nämlich LÄNGST einen eigenen Beruf! Ich habe unter Tage in den Goldminen gearbeitet.« … »Ja, **in Berlin**, widersprich mir nicht! Und danach frühmorgens noch Zeitungen ausgetragen. Und das war WEISS GOTT nicht einfach ohne Daumen.«

TIPP: fall von anfall

Reden und Realität sind bei Vätern nicht immer zu hundert Prozent deckungsgleich. Mit fantasievollen, historischen Ausführungen gespickte Ansagen – auch VATER MORGANA genannt – trotzdem in Ruhe anhören! Das familiäre Umfeld ist gut beraten, Vater möglichst widerspruchslos zu respektieren, zumindest so lange, bis die nächsten Taschengeld-Tarifverhandlungen abgeschlossen sind.

NICHT FÜR DIE SCHULE, FÜR DIE ELTERN LERNEN WIR!

Leistung

Viele Eltern, vor allem liberale, sind der Auffassung: Egal was ihre Kinder machen – es ist einfach großartig! Das Kind kann beispielsweise mit einem unfassbar unförmigen Klumpen aus Knetwachs ankommen – die Eltern werden die Matschepampe großartig finden: »Oh! Ein Schloss! Steffen – hast du ein Schloss geknetet? Ja, toll!!!« Da kann Steffen sogar sagen: »Nee, das ist ein Klumpen aus Knetwachs!«, die Eltern rücken nicht von ihrer Interpretation des Kunstwerks ab. Schließlich stammt es von Steffen! Von IHREM Steffen.

Und: dagegen ist Beuys ein Dreck! Dagegen kann Christo einpacken!

Bei leistungsbewussten Eltern ändert sich diese Einstellung allerdings, wenn das Kind in die Schule kommt. Eine Fünf in Deutsch lässt wenig Spielraum für künstlerische Interpretationen. Für viele Eltern sind gute ZENSUREN jedoch immens wichtig: »Die Noten müssen stimmen, will man die erste Geige spielen.« Sie halten deswegen die subjektiven Beurteilungen des Lehrers durchaus für verhandelbar.

Vor allem wenn es darum geht, ob das Kind nach der Grundschule auf das Gymnasium gehen kann, suchen engagierte Eltern oft das Gespräch mit dem Pauker,

105

jederzeit und überall: »Okay – er schreibt ›nämlich‹ mit ›h‹, aber das macht er in den anderen Fächern locker wett! Wussten Sie eigentlich, dass Steffen hervorragend kneten kann?« Worauf ein erfahrener Lehrer meistens mit Gegenfragen antwortet: »Darf ich mich erst mal abtrocknen? Kann ich noch kurz die Wanne ausduschen? Wie sind Sie hier überhaupt reingekommen?«

Das Schulkind bringt schlechte Noten nach Hause – Reaktion der Eltern

Liberal: »Wir würden uns freuen, wenn du fleißiger wärst. Und nach dem Erlebnisurlaub in Neuseeland wird dir das Lernen sicher auch leichter fallen!«

✳ ✳ ✳

Konservativ: »Der Urlaub ist gestrichen, damit das klar ist! Das Bootcamp in Arizona wird dir sicher guttun!«

✳ ✳ ✳

Progressiv: »Mit diesem Lehrer schlafe ich nie wieder!«

✳ ✳ ✳

Nachhilfe

Nachhilfe ist heutzutage selbstverständlich. Man lässt sie dem ABC-Schützen nicht nur im Fall einer gefährdeten Versetzung angedeihen, sondern einfach auch zur

LEISTUNGSOPTIMIERUNG. Nicht immer gehen dabei die Wünsche der Eltern mit der Wirklichkeit einher. Einige melden ihr Kind schon zur Mathematik-Olympiade an, bloß weil sie entdecken, dass es zehn Finger hat. Und andere überfordern schlichtweg den Nachwuchs. Abgesehen davon, dass es wirklich nicht nett ist, einen Legastheniker in den Kalligrafiekurs zu schicken. Engagierte Eltern bieten ihren Kindern ein Infotainment-Programm, das rund um die Uhr lustvolles Lernen garantieren soll: mit Zweisprachigkeit (beispielsweise Mutter: deutsch, Vater: hessisch), Straßenverkehrserziehung auf dem Quad, Saxofonsessions und dem Besuch der Zirkus-AG und, und, und ... Zum Geburtstag kommen Ronald McDonald und Donald Duck natürlich persönlich! Da bleiben Nebenwirkungen nicht aus. So mancher Schüler kann die Lehranstalt dann nur noch als reizarme Penne empfinden. »Und? Wie war's in der Schule?« – »Doof. Nicht mal eine Konfettikanone gibt's da!« Viele Kinder ihrer Zeit haben lediglich die Aufmerksamkeitsspanne einer Stubenfliege, da tut sich auch ein professioneller Pädagoge schwer, beim anspruchsvollen Publikum zu punkten. Wenn ein Klassenlehrer heute erfolgreich die Grammatikregeln erklären will, muss er dabei mindestens mit vier Keulen jonglieren und eine Jungfrau zersägen.

Dieser Weg

Für das gesteigerte Engagement moderner Eltern gibt es Gründe. Einer davon: die **Gehirnforschung**. Bedauerlicherweise machen Gehirnforscher vom Gegenstand ihrer Wissenschaft nicht immer Gebrauch. So wurden ein paar neurologische Erkenntnisse zunächst als wissenschaftlich gesichert verkauft. Später stellte sich heraus, dass es sich um Hirnfürze handelte. Etwa die Aussage: »Das neuronale Fenster schließt sich bereits in jungen Jahren.« Auf Deutsch: Kinder lernen früh oder gar nicht. Darauf haben Pädagogen und Eltern nicht mit Angst reagiert – denn Angst ist ein schlechter Ratgeber! Sie haben sich gesagt: Panik tut's auch. Und sind zu der Auffassung gekommen, dass bei Untätigkeit der totale soziale Abstieg droht. Die Kinder werden vor die Wahl gestellt: Gehirnzelle oder Gefängniszelle!

Inzwischen ist durchgesickert, dass die kleinen grauen Zellen viel flexibler arbeiten, als angenommen: Gehirnbesitzer können ein Leben lang effektiv lernen. Dies ist aber noch nicht bei allen im Oberstübchen angekommen, obwohl wir genau wissen: Praxis schlägt Theorie und von Skandinavien lernen, heißt siegen lernen! Und wie genau lernen die? Uppsala! Ganz locker! In Dänemark etwa werden Kinder erst mit sieben Jahren eingeschult, im PISA-Spitzenreiterland Finnland geht es n den ersten Schuljahren vor allem spielerisch zu, im Taka-Tuka-Land Schweden lassen sie auch mal eine Fünf gerade sein und vergeben in der Grundschule keine Noten. Wenn Sören und Mette locker lernen, dann werden doch auch Hans und Heidi (und Kevin und Mandy) ihren Weg finden – zum Beispiel den zweiten Bildungsweg.

Familie Hellmann im Konzert

Er denkt: Das ist der Bildungsnotstand! Auf seine Frage, ob sie denn überhaupt wisse, wo TOKIO liege, hat die Tochter geantwortet: »Na, ich schätze in einem Bett im HOTEL.« Für Herrn Hellmann ist das alles »nur verrückt«. Bill kommt ihm vor wie ein schwarzes Insekt aus einem Gruselfilm und Tom mit den Dreadlocks unter der schiefen Kappe »total gestört«! Warum fahren Teenies überhaupt auf »so was« ab? Er selbst hat damals noch anständige Musik gehört! Die Gruppe, für die er in seiner Jugend schwärmte, sang nicht geisteskrank SCHREI, sondern nachvollziehbare Songs, in denen es irgendwie um Beziehung ging: »I was made for loving you baby«. KISS hat noch anständigen Horror verbreitet in Kostümen und Masken, die anständige Alpträume hervorriefen – bei seinen Eltern! Aber doch nicht bei ihm! Frau Hellmann versucht, die Tochter von diesem Ereignis abzuhalten – mit abschreckenden, gruseligen Maßnahmen:

»Okay, Leila, du darfst in das Tokio-Hotel-Konzert gehen. Aber nur, wenn du mich dann auch zu Semino Rossi begleitest.« Ein Versuch, der kläglich scheitert. Die Tochter willigt schulterzuckend ein und überlegt, bei Herrn Rossi einfach die Ohrenstöpsel zu verwenden, die ihr die Mutter für das Konzert der Brüder aus Magdeburg zur Auflage gemacht hat.

Um die Anwendung zu kontrollieren, steht Frau Hellmann jetzt neben ihrer Tochter in der mit jubelnden Zahnspangen gefüllten Stadthalle. Außerdem will sie DA SEIN, falls die Zwölfjährige hyperventiliert oder ohnmächtig wird. Vor lauter Sorge, dass etwas Schlimmes passiert, bekommt sie gar nicht mit, wie Leila auf die bunten Ohropax verzichtet.

In der Nebenhalle hat der Veranstalter eine Art Elternparadies eingerichtet. Aus dem Lautsprecher tönt elterngerechte Musik: »I was made for loving you baby«. Und auf einem kleinen Fernseher wird Speedy Gonzales von Kater Sylvester verfolgt – der hat wie immer keine Chance. Herr Hellmann hält ein Pils in der rechten Hand, während er mit der linken versucht, eine Kugel durch eine dämonische Death-Metal-Landschaft im Flipperautomaten zu jagen. Später möchte er noch in den Fahrsimulator und anschließend den Massagesessel ausprobieren. Eine Betreuerin passt auf, dass die Eltern auch Anschluss finden, in der Gruppe spielen und nicht irgendwo alleine rumhängen oder Unsinn machen. Herr Hellmann findet es gut, dass es dieses Programm für verwaiste Eltern gibt. Aber die Betreuerin soll ihn doch bitte schön in Ruhe lassen. Nur: Das Geschrei der Teenies in der Nebenhalle belastet ihn mehr, als ihm lieb ist. Und so sucht er bald von sich aus das Gespräch mit der Betreuerin: »Wissen Sie, wo ich zum ersten Mal dieses Kreischen gehört habe? Im Kreißsaal! Warum müssen Kindheit und Jugend eigentlich immer von so einem irrsinnigen GESCHREI begleitet werden? Schreien! Alle schreien immer! Bei der Geburt, nach der Geburt, morgens, mittags, abends und nachts! Und zu allen anderen Tageszeiten auch! Wenn die Kinder nicht schreien, dann schreien die Eltern. Und wenn die nicht schreien, dann kreischen die Kinder: im Hof, auf dem Schulhof, im Konzert! Hört das nie auf?«, schreit er. Die Betreuerin bietet ihm etwas in einer Tüte an. Er lehnt ab. »Ich will keine Gummibärchen. Ich will noch ein Bier! Fünf Bier! Und zehn Kurze! Wissen Sie, was das Gute an diesen Kurzen ist? Sie machen nicht so einen LÄRM!!!« — »Herr Hellmann, pusten Sie bitte in diese Tüte hier rein! Wir müssen Ihre Schnappatmung in den Griff bekommen.« Nach dem Konzert verlaufen sich Mutter und Tochter. Erst die dritte Lautsprecherdurchsage »Herr Dr. Hellmann möchte im Eltern-Bereich in Halle C abgeholt werden« führt die Familie wieder zusammen. »Und wie war's?« — »Na ja ...«, sagt die Mutter, »supi!« die Tochter. Und der Vater: »Warum ist deine Mutter eigentlich so heiser?«

Mutter   **Deutsch**

»Wolfgang, wie viel ist drei mal fünf?«	Du sollst aufs Gymnasium.
»Hast du deine Hausauf-gaben schon gemacht?«	Du sollst aufs Gymnasium.
»Wisch dir den Mund ab!«	Du sollst aufs Gymnasium.
»Um zehn bist du im Bett!«	Du sollst aufs Gymnasium.

Vater   **Deutsch**

»Drei mal fünf gleich 15? Ich hol schnell den Taschen-rechner!«	Ich war nicht auf dem Gymnasium.

Eltern   **Deutsch**

»Wir haben Wolfgangs Klas-senlehrerin zum Geburtstag Pralinen und ein Blumen-bukett geschenkt!«	Wir gehen davon aus, dass die Versetzung nicht gefährdet ist.

Jugendliche Eltern

UNSER KIND IST ALLEINERZIEHEND

alternative Lebensformen

In den 70er- und 80er-Jahren kamen die Wohngemeinschaften auf – als Alternative zum bürgerlichen Leben in der Kleinfamilie. Später haben sich die WGler dann gesagt: Der WG-Stress allein reicht uns nicht, wir wollen außerdem noch den Ärger mit der Familie. So ist die Patchworkfamilie entstanden. Zu Deutsch: Flickwerkfamilie. Ein bunter Flickenteppich der Wahlverwandtschaften. Nicht nur Blutsverwandte sind darin verwoben, sondern auch jede Menge anderer Personen, die man genauso wenig leiden kann.

Für Kinder ist das nicht immer leicht, vor allem wenn mit den neuen Freunden der Mutter neue Weltanschauungen einziehen: »Mama, erst waren wir russisch-orthodox, dann heavy metal, dann buddhistisch. Könntest du dir jetzt mal einen suchen, der Waffen sammelt?« Aber auch für die neuen Partner stellt die Lebenssituation eine Herausforderung dar. In Konkurrenz zum Vorgänger wollen »Neu-Väter« natürlich nicht treten, werden von den Patchworkkindern jedoch oft dazu gedrängt und unter Druck gesetzt: »Der Peter hat mir ja die Playmobil-Raumstation mit Commander-Base geschenkt.« Da kommt die Mutter nicht umhin einzugreifen, indem sie zum Beispiel geschickt ablenkt: »Hast du nicht Lust, am Sonntag einen Ausflug mit uns zu machen ins

Phantasialand? Weißt du, wir fahren mit dem tollen Mini, den Peter mir geschenkt hat!«

Ereignisreich ist der VÄTERTAG, der Tag, an dem alle Väter ihre jeweiligen Kinder (soweit bekannt) aufsuchen. Das kann Eltern in Erklärungsnöte bringen. Wenn die Tochter verlangt: »Ich will jetzt mit dem Jochen raus!«, dann muss die leibliche Mutter (soweit bekannt) unbedingt aufklären, dass es sich beim Jochen um den SOZIALEN Vater handelt, sie heute aber mit dem BIOLOGISCHEN Vater zum Spielen geht.

Das fünfjährige Halbgeschwisterchen meldet daraufhin eventuell ähnliche Ansprüche an: »Ich will auch mit meinem biologischen Vater raus!« Dann ist es an den Eltern, den Nachwuchs auch mal mit Tatsachen zu konfrontieren: »Du, mit einem Reagenzglas kann man nicht auf den Spielplatz!« – insofern es sich um eine anonymisierte Spende handelt. Es kommt im Folgenden natürlich darauf an, den kleinen Vitro trotzdem in die Familie zu integrieren und ihm zu zeigen, dass er willkommen ist und als ein Teil des Ganzen dazugehört.

Evolution

Die Evolution hat heutzutage im Allgemeinen ein gutes Image. Alle wissen: Sie hat Pflanzen und Tiere geschaffen, die Welt an sich und diese Dinge. Aber ich finde, dass die Evolution sich auch mal ein paar kritische Fragen gefallen lassen muss. Nicht alles ist nachvollziehbar. Warum zum Beispiel haben Kraken acht Arme? Alleinerziehende, berufstätige Elternteile dagegen nur zwei?

Müssen Kraken etwa gleichzeitig Auto fahren, Kinderblenden mit Pokemon-Motiv anbringen, zwei Kinder beruhigen, den Kinderarzt aufsuchen, ein zerlaufenes Duplo aus den Sitzritzen HERAUSPULEN, per SMS den Unterhalt beim Ex anmahnen und eine Präsentation vorbereiten? Mitnichten! Ab und zu eine Muschel jagen, sich vermehren und kurz danach ableben (so machen Kraken das nämlich) – das war's!

Nicht zu vergleichen mit dem Multitasking – viele sagen einfach MUTTI-TASKING –, das manche Elternteile zu leisten haben. »Man wächst mit den Aufgaben« heißt es. Das ist der Hohn! Gar nichts wächst! Sonst hätten Alleinerziehende doch ein paar Greifwerkzeuge mehr. Es müssen ja nicht gleich acht Arme wachsen. Vier oder fünf würden schon reichen. Erst recht, wenn noch ein Job zu bewältigen ist. Allein die Gegenstände, die in Haushalt, Kinderzimmer und Büro rumliegen, auseinanderzuhalten, stellt Eltern vor große Probleme. So manche fitte Werbefachfrau hat schon eine prima Präsentation vor wichtigen Kunden abgehalten und dabei 45 Minuten in eine Playmobilfigur hineingesprochen. Natürlich entstehen in solchen Momenten – zwischen Familie und Beruf, zwischen Tür und Angel – auch neue interessante Kreationen. Mittags gibt es etwa das Steak à la Mama, das viele Kinder kennen: außen verbrannt und innen noch gefroren.

REIFE ELTERN

VON gESTErn

Eltern sind naturgemäß von gestern. Das Problem ist, dass sie mit den Lebenserfahrungen von gestern ihre Kinder auf die Welt von morgen vorbereiten wollen. Einen wenig zeitgemäßen Eindruck etwa machen Eltern, wenn sie auf die Aussage ihres Hip-Hopper-Sohnes »Ich bin voll aggro, ich battle« mit den Worten »Aber du bekommst doch genug Taschengeld!« reagieren. Und ein Satz wie »Wenn du nicht brav bist, dann gehst du heute hungrig ins Bett!« ist der magersüchtigen Tochter gegenüber unangemessen. Da muss mit einer Replik wie »Ich finde euch zum Kotzen« gerechnet werden.

Aber der gute Wille zählt! Wenn Eltern sich ins Zeug legen und sich Mühe geben – dann hilft das meist auch nicht. Eine Bekannte von mir wollte sich ihrer sperrigen Tochter annähern, indem sie ein typisches Teeniethema ansprach: »Ich finde ja, diese Lindsay Lohan hat was!« Sie bekam zur Antwort: »Ja, Alkoholprobleme und Depressionen.« – »Nein, ich meine **Ausstrahlung**.« – »Klar ist die **verstrahlt**.« Selbst wenn die Tochter nicht verstehen WOLLTE – die Mutter sollte das unbedingt als gutes und vor allem ausführliches Gespräch werten! Schließlich beklagen manche Eltern das totale SCHWEIGEN ihrer Schutzbefohlenen! Einige Pubertierende sind so schweigsam, dass deren Eltern mitteilen, wesentlich intensivere Gespräche mit ihrer Schrankwand führen zu können – »die ist längst nicht so verschlossen«. Geschickten Eltern gelingt es gerade noch, ihre Teenager zum Abendessen an den Tisch zu holen, aber auch nur, wenn sie eine Einladung per »facebook« verschicken.

Bei Tisch

Konservative Eltern: »Es wird gegessen, was auf den Tisch kommt!«
Deutsch: Es wird gegessen, was auf den Tisch kommt!

* * *

Liberale Eltern: »Das Steak ist von glücklichen Kühen!«
Deutsch: Ich weiß, dass das Steak nichts geworden ist. Aber die Öko-Nummer zieht eigentlich immer.

* * *

Progressive Eltern: »Heute gibt es Dinkelkleie-Quiche mit Soja- und Bambussprossenmus!«
Deutsch: Es wird gegessen, was auf den Tisch kommt!

* * *

Jugendsprech

Manche Eltern versuchen, eine Brücke zwischen den Generationen zu schlagen, indem sie ein paar Vokabeln Jugendsprache pauken. Das ist allerdings leichter getan als gesagt! Das Wort »krass« hat zum Beispiel verschiedene Bedeutungen: »gut«, aber auch »schlecht«. Es kommt ganz darauf an, in **welcher Situation** der Jugendliche unfähig ist, sich richtig auszudrücken. Da **verpeilen** Erzeuger schon mal den Sinn des Ganzen, wenn sie das Gehörte nicht **blicken** und stehen dann umso mehr als **Nullchecker** da. Mein anbiedernder Versuch, die Klamotten meines Sohnes in »seiner« Sprache zu loben, ging jedenfalls in die Hose.

Ich: »Deine Baggy-Pants sehen echt **phat** aus!«
Er: »Dick?«
Ich: »Ich meine, die sehen **irre** aus!«
Er: »**Irre?** Du meinst, bekloppt?«
Ich: »Nein, ich finde, die stehen dir!«
Er: »Echt? Dad, wenn **dir** die gefallen, müssen die scheiße aussehen!«

Meinen Kleidungsstil, der sowohl lässig als auch weltmännisch ausfällt, findet er extrem **unchillig**. Allein die legeren Schuhe von Camper mit diesem hippen Retro-Touch, scheinen seinem Verständnis von Kluft mal so gar nicht zu entsprechen. Schaut er an mir herab, dann schaut er auf mich herab, als wäre ich komplett gestört. Vermutlich könnte ich genauso gut in Unterhosen rumrennen, eine Gasmaske tragen und dabei »Es tanzt ein Bi-Ba-Butzemann« singen. Er würde es nicht weniger **krass** finden.

Erlebnispädagogik

Respektlosigkeiten kann man als Erziehungsberechtigter natürlich nicht einfach so DURCHGEHEN lassen! Zur Strafe darf sich mein Sohn einen kulturhistorischen Vortrag zum Thema »Kleidung und Klasse« anhören: »Du weißt, dass deine herunterhängenden, auf dem Boden schleifenden Hosen ursprünglich von Kriminellen stammen, die sich wiederum mit Gefangenen solidarisieren wollten, denen im Gefängnis Hosenträger und Gürtel abgenommen wurden?!« – »Passt doch. Ist auch voll der KNAST hier zu Hause!«

Das wiederum ist nicht wahr! Er hat sehr viele Freiheiten! Mein Sohn weiß ganz genau: Wenn er sich anständig benimmt und seine Hausaufgaben erledigt, dann darf er für ein paar Stunden machen, was er will, bevor er wieder an die Heizung gekettet wird. Sorry, nur Spaß! Es ist nicht richtig, einen Jugendlichen an die Heizung zu ketten! Der Heizkörper kann sich lösen. Es ist besser, man befestigt den Teenager am Balkongeländer. Damit wird zugleich sichergestellt, dass er immer ausreichend an die frische Luft kommt! Sorry! Ein Hinweis für den Kinderschutzbund: Auch das ist natürlich Spaß. Es ist nicht richtig, Jugendliche auf den Balkon zu sperren, ans Balkongeländer zu ketten und den ganzen Tag in der Kälte draußen zu lassen – und nur einmal am Tag einen Napf mit Essen rauszustellen! Es ist auch nicht richtig, sie in einen dunklen Raum zu sperren, sie zu knebeln und MIT DEM LINEAL ODER ANDEREN GEGENSTÄNDEN AUF DIE FINGER ZU HAUEN! Oder sie in den Erlebnisurlaub nach Nordkorea zu schicken und dort zwanzig Stunden am Tag im Salzbergwerk arbeiten zu lassen bei Wasser und Brot, damit sie, VERDAMMT NOCH MAL, endlich lernen, was der ERNST DES LEBENS bedeutet! Das ist nicht richtig!

Doch, dieses Thema muss unbedingt angesprochen werden: Eltern plagen hin und wieder GEWALTFANTASIEN! Psychologen sprechen in diesem Zusammenhang von **fiktiver Gewalt**. Zum Glück verhindert in der Regel die gute eigene Kinderstube, dass unzivilisierte ultrakonservative Erziehungsmethoden auch in die Tat umgesetzt werden. Meistens packt Eltern nach einer fiktiven Gewaltattacke ein enorm schlechtes Gewissen. Das wiederum zieht plötzliche verbale Zärtlichkeiten und Kuschelanfälle nach sich – für Jugendliche meist überraschend, erschreckend und verstörend: »Auch wenn du manchmal etwas störrisch bist, deine Eltern haben dich trotzdem ganz, ganz doll lieb!« – »Ähm, ja, okay. Von mir aus. Könnt ihr jetzt BITTE aufhören, mich zu umarmen? Und taucht nie wieder auf einer Fete auf. Ich möchte nicht, dass die Leute hier noch auf die Idee kommen, ihr wäret meine Eltern. Wir wollen danach übrigens noch in den Club 81, die spielen da Electro-House. Die Getränkepreise sind ziemlich hoch. Könntet ihr ein bisschen Kohle lockermachen?« – »Aber natürlich, Liebling! Meinst du, 200 Euro werden dir reichen?«

Starke Verbindung

Einige Eltern machen sich Gedanken und das heißt: Sie machen sich Sorgen. Diese Begriffe sind bei Eltern identisch. Sie machen sich Sorgen, ihre Kinder könnten SCHLECHT von ihnen denken.

Ich selbst mache mir – keine Illusionen. Illegal abgehörte Gespräche mir bekannter Jugendlicher haben ergeben: Als Elternteil ist man in erster Linie ALT. Sehr alt. Ein Elternabend zum Beispiel ist für Pubertierende gleichbedeutend mit Jurassic Park. Wenn Jugendliche zum Abendessen mit den Alten am Tisch sitzen müssen, sagen sie sich: »Sparen wir wenigstens den Eintritt für die Ausstellung KÖRPERWELTEN.« Und als wäre das nicht genug, muss ich mich der Tatsache stellen, dass ich als Elternteil BESCHEUERT bin. Richtig bescheuert. Manche Eltern versuchen, einen Ausweg aus

dieser Misere zu finden, indem sie sich selber betont jugendlich geben: »Du musst mich nicht ›Papa‹ nennen – du kannst ›Pimp‹ zu mir sagen!« Sie wollen keinesfalls über ihren Kindern stehen, sondern an ihrer Seite. Jugendliche nehmen das natürlich wahr und finden ihre Eltern meistens entsprechend DANEBEN. Die verkennen, dass sich junge Menschen in der Pubertät von ihren Eltern ABGRENZEN müssen, um in gesunder Weise erwachsen und selbstständig zu werden! Deswegen richten Teenager an ihre Eltern immer wieder inständige Bitten und Befehle – diese Begriffe sind bei Jugendlichen identisch.

Doch nicht nur Abgrenzung, sondern auch Protest gehören zum Standardrepertoire. Ich muss sagen, Jugendliche tun mir da heute ein wenig leid. Sie werden in ihrer Entwicklung erheblich behindert! Wie soll sich eine Tochter denn gegen die Erwachsenenwelt AUFLEHNEN, wenn schon die Mutter mit einem Fuck-you-all-T-Shirt zum Adventsbasteln in die Schule kommt? Da bleibt der Kleinen ja fast nichts anderes übrig, als in den Schützenverein einzutreten.

Doch selbst wenn Jugendliche mit ihrem Protest etwas übers Ziel hinausschießen, geben sich progressive Eltern total solidarisch mit ihren Schutzbefohlenen. Haben Kinder früherer Generationen Mist gebaut, folgte auf die Strafarbeit in der Schule garantiert noch ein Anschiss zu Hause. Wenn heute ein Teenager für Veränderung EINTRITT, dann finden manche Eltern auch daran noch etwas Gutes. Die Mutter: »Er war schon immer sehr lebhaft.« Der Vater: »Die Glasscheibe hat provoziert.« Die Mutter: »Und das Holz des Baseballschlägers ist aus nachhaltiger Forstwirtschaft!«

Zum Glück gibt es solche Tendenzen bei meinem Jüngsten nicht. Mein Sohn, der sich normalerweise nicht sonderlich für IRGENDETWAS interessiert, überraschte mich kürzlich mit ganz erstaunlichen Detailkenntnissen auf dem Gebiet der Ethnologie: »Sagt dir der Begriff

GERONTOZID etwas? Einige Nomadenstämme haben ihre unbrauchbar gewordenen, alten Eltern in der Wildnis ausgesetzt und so den ewigen Jagdgründen übergeben.« Auf meine Frage, ob er sich denn wünschen würde, seine Eltern in ähnlicher Weise zu entsorgen, hat er geantwortet: »Nicht zwangsläufig.« Ist das rührend? Ich glaube, seine Mutter und ich haben in der Erziehung alles richtig gemacht.

Tipp: Pubertät

Eltern sollten nicht versuchen, ihren pubertierenden Kindern »entgegenzukommen« – weder verbal noch durch das Tragen von Ketten mit Dollarzeichen und T-Shirts in Übergröße. Es hat keinen Sinn. Es hat aber auch keinen Sinn, autoritär »dagegen« anzugehen. Alles ist ziemlich sinnlos. Es gibt kein Rezept. Egal was Eltern tun: Es ist falsch. Vater und Mutter können vielleicht deutlich machen, dass sie notfalls zur Verfügung stehen, falls sie doch gebraucht werden. (Das soll in seltenen Fällen vorkommen, dann müssen Eltern bereit sein, sich seelisch zu öffnen. Meistens reicht es aber, die Brieftasche zu öffnen.) Doch auch das kann falsch sein. Eltern an sich sind falsch. Am besten man geht während dieser Zeit in Deckung, verhält sich still und wartet, bis die Gefahr vorüber ist.

Ein Sprichwort sagt: Das Leben beginnt, wenn der Hund tot ist und die Kinder aus dem Haus sind. Wer nicht auf den Volksmund gefallen ist, weiß: Das hat mit der Wirklichkeit wenig zu tun. Eltern können gar nicht loslassen, wollen sich KÜMMERN.

Die meisten erwachsenen Kinder wiederum lassen regelmäßig von sich hören, schicken Briefe, aus denen hervorgeht, was sie so machen, legen auch schon mal ein Foto bei. Und die meisten Eltern bezahlen den Mahnbescheid wegen Geschwindigkeitsübertretung dann auch. Viele demonstrieren ihre Verbundenheit mit dem Elternhaus nämlich in rührender Weise – selbst nachdem sie ausgezogen sind, geben sie noch ihre alte Adresse bei den Behörden an.

Bei sensiblen liberalen Eltern kann das allerdings tiefe Besorgnis auslösen. Eltern schaffen es ja, wegen eines Schwarz-Weiß-Fotos zu sagen: »Du siehst BLASS aus! Lebst du auch gesund? Ernährst du dich auch richtig?« Unter Umständen wird der Lebenswandel angesichts des polizeilichen Lichtbildbeweises insgesamt einer kritischen Überprüfung unterzogen: Ist Sabine kriminell? Ist sie von der Autobahn auf die schiefe Bahn geraten? Eltern sind auf Alarmbereitschaft programmiert, und zwar im lebenslänglichen Dauermodus! Im elterlichen Bewusstsein ist es da nur ein winziger Schritt vom Blitzfoto auf der Landstraße zum Fahndungsfoto auf dem Plakat in der Postfiliale!

Kinder sollten den Eltern dringend Beruhigungsmittel verabreichen! Zum Beispiel HEIRATEN und selber KINDER BEKOMMEN! Als Erste-Hilfe-Maßnahme ebenfalls sinnvoll: Ausbildung mit ABSCHLUSS sowie die Ausübung eines allgemein anerkannten Berufs. Eltern bzw. Großeltern wird das natürlich nicht davon abbringen, sich weiterhin elternmäßig zu verhalten. Ich kenne welche, die setzen ihre Kinder – der Sohn ist Doktor der Wirtschaftswissenschaft und die Tochter Verlagsleiterin – bei Familienfesten immer noch selbstverständlich an den Kindertisch. Der Kindertisch ist so was Ähnliches wie der Katzentisch, nur nicht so groß. Wenn sie aufstehen wollen, müssen sie vorher fragen. Und raus dürfen sie nur, wenn sie sich »warm genug anziehen«! Dabei ist eine Erkältung nun wirklich nicht so schlimm. Spätestens nach vier Tagen ist sie kuriert. Wenn Mutter Hühnerbrühe kocht?! Doch! Wie auch immer: Es geht vorbei (es sei denn natürlich, man hat sich sonst was geholt!). Eine Erkältung ist auf jeden Fall das Gegenteil von ELTERN. Denn wer DAS einmal hat, wird es tatsächlich nie wieder los! Bloß: Wollen wir es überhaupt loswerden? Eltern sind doch – ich will nicht sagen **ein notwendiges Übel**. Aber eigentlich will ich das schon sagen. Ich meine: Was wären wir denn ohne Eltern? Sicher weniger genervt, aber schlicht NICHT VORHANDEN! In diesem Sinne: Danke schön! Bitte schön!

[1] Seite 49: www.sangenic.com, 2009 (Rotho Babydesign GmbH, St. Blasien)

[2] Seite 49: www.nuk.de, 2009 (MAPA GmbH, Zeven)

[3] Seite 90/91: www.fastrackids.de, 2010 (FasTracKids International, Ltd., Greenwood Village, USA)